La salvación de lo bello

Byung-Chul Han

La salvación
de lo bello

Traducción de
Alberto Ciria

herder

Título original: Die Errettung des Schönen
Traducción: Alberto Ciria
Diseño de la cubierta: Ferran Fernández

2.ª edición, 2023

© *2015, Fischer Verlag, Frankfurt del Meno*
© *2023, Herder Editorial, S.L., Barcelona*

ISBN: 978-84-254-4997-0

Imprenta: Liberdúplex
Depósito legal: B-13.093-2023

Impreso en España – Printed in Spain

herder

ÍNDICE

Una vez
le escuché
mientras estaba lavando el mundo:
sin que nadie le viera, a lo largo de noches,
real.

Lo uno y lo infinito,
destruidos,
irradiaban yo.

Hubo luz. Salvación.

PAUL CELAN

Lo pulido, pulcro, liso e impecable es la seña de identidad de la época actual. Es en lo que coinciden las esculturas de Jeff Koons, los iPhone y la depilación brasileña. ¿Por qué lo pulido nos resulta hoy hermoso? Más allá de su efecto estético, refleja un imperativo social general: encarna la actual *sociedad positiva*. Lo pulido e impecable no *daña*. Tampoco ofrece ninguna resistencia. Sonsaca los «me gusta». El objeto pulido anula lo que tiene de algo puesto enfrente. Toda negatividad resulta eliminada.

También el *smartphone* obedece a la estética de lo pulido. El *smartphone* modelo «G Flex», de la marca LG, viene incluso recubierto de una capa que se autorrestituye, es decir, que hace que desaparezca todo rasguño, todo rastro de daño al cabo de muy poco tiempo. Es, por así decirlo, invulnerable. Su recubrimiento artificial mantiene al *smartphone* siempre pulido. Además, ese modelo es flexible y dúctil. Está levemente combado hacia dentro. Así es como se amolda a la perfección al rostro y al glúteo. Esta capacidad de amoldarse y esta falta de resistencia son rasgos esenciales de la estética de lo pulido.

Lo pulido no se limita al aspecto externo del aparato digital. También la comunicación que se lleva a cabo con el teléfono resulta pulimentada y satinada, pues lo que se intercambia son, sobre todo, deferencias y complacencias, es más, cosas positivas. El *sharing,* o compartir, y dar «me gusta» representan un medio de pulimentado comunicativo. Los aspectos negativos se eliminan porque representan obstáculos para la comunicación acelerada.

Jeff Koons, que es el artista actual con mayor éxito, es un maestro de las superficies pulidas. Aunque Andy Warhol también se declaraba partidario de la superficie bella y satinada, en su arte todavía está grabada la negatividad de la muerte y el desastre. Su superficie no es totalmente pulida. Por ejemplo la serie «Muerte y desastre» se nutre aún de la negatividad. En Jeff Koons, por el contrario, no hay ningún desastre, ninguna vulneración, ninguna quiebra, ningún agrietamiento, y tampoco ninguna costura. Todo fluye en transiciones suaves y pulidas. Todo resulta redondeado, pulimentado, bruñido. El arte de Jeff Koons es un arte de las superficies pulidas e impecables y de efecto inmediato. No ofrece nada que interpretar, que descifrar ni que pensar. Es un arte del «me gusta».

Jeff Koons dice que lo único que tiene que hacer el observador de su obra es emitir un simple *Wow!* Evidentemente, en presencia de su arte no son necesarios ningún juicio, ninguna interpretación, ninguna hermenéutica, ninguna reflexión, ningún pensamiento. Su arte se queda intencionadamente en infantil, en banal, en impertérritamente relajado, en un arte que nos gana y nos desagravia. Está vaciado de toda profundidad, de toda abisalidad, de toda hondura. Su lema es este: «Abrazar al observador». Nada debe conmocionarlo, herirlo ni asustarlo. El arte —dice Jeff Koons— no es otra cosa que «belleza», «alegría» y «comunicación».

En presencia de sus esculturas pulidas surge un «imperativo táctil» de palparlas, e incluso el placer de lamerlas. A su arte le falta aquella negatividad que impondría una distancia. La positividad de lo terso y pulido es lo único que activa el imperativo táctil. Invita al observador a la anulación de la distancia, a lo táctil o al *touch*. Pero un juicio *estético* presupone una *distancia contemplativa*. El arte de lo terso y pulido la elimina.

El imperativo táctil o el placer de lamer solo es posible en un arte de lo pulido vaciado de todo sentido. Por eso Hegel, que mantiene con énfasis que el arte tiene un sentido, restringe lo sensible del arte a los «sentidos teóricos, el de la vista y el del oído».[1] Esos son los únicos que tienen acceso al sentido. El olfato y el gusto, por el contrario, quedan excluidos del deleite artístico, y solo son receptivos para lo «agradable», lo cual no es lo «bello del arte»:

1   G.W.F. Hegel, *Lecciones de estética,* vol. 1, Barcelona, Edicions 62, 1989, p. 40.

En efecto, el olfato, el gusto y el tacto se relacionan con lo material como tal y con las cualidades inmediatamente sensibles de lo mismo; el olfato con la volatilización material a través del aire, el gusto con la disolución material de los objetos, y el tacto con el calor, el frío, la dureza, etc.[2]

Lo pulido transmite solo una sensación agradable con la que no se puede asociar ningún sentido ni ninguna hondura: se agota en el *Wow!*

En su obra *Mitologías,* Roland Barthes hace notar el imperativo táctil que suscita el modelo DS de Citroën:

Como se sabe, lo liso es un atributo permanente de la perfección, porque lo contrario traiciona una operación técnica y profundamente humana de ajuste: la túnica de Cristo no tenía costura, así como las aeronaves de la ciencia-ficción son de un metal sin junturas. El DS 19 no pretende ser *una pura cubierta,* aunque su forma general sea muy envolvente. Con todo, lo que más interesa al público son sus ajustes: se prueban con furia la unión de los vidrios, se pasa la mano por las amplias canaletas de caucho que ajustan el vidrio de atrás al borde niquelado. Existe en el DS la insinuación de una nueva fenomenología del ajuste, como si se pasara de un mun-

2   *Ibid.*

do de elementos soldados a un mundo de elementos yuxtapuestos que se sostienen gracias a su forma maravillosa, lo que, por supuesto, introduce la idea de una naturaleza más fácil. En cuanto a la materia propiamente dicha, no cabe duda de que posee el gusto de lo liviano, en sentido mágico. [...] Los vidrios no son ventanas, aberturas perforadas en la caja oscura de la carrocería; los vidrios son grandes lienzos de aire y vacío, que tienen la curvatura desplegada y el brillo de las pompas de jabón.[3]

También las esculturas sin junturas de Jeff Koons dan la impresión de ser brillantes e ingrávidas pompas de jabón hechas de aire y vacío. Como el DS sin junturas, transmiten una sensación de perfección, una sensación de levedad en un sentido mágico. Encarnan una superficie perfecta y optimizada sin profundidad ni bajura.

Para Barthes, el sentido del tacto es «el más desmitificador de los sentidos, al contrario de la vista, que es el más mágico».[4] La vista guarda distancia, mientras que el tacto la elimina. Sin distancia no es posible la mística. La desmistificación convierte todo en degustable y consumible. El tacto destruye la negatividad de lo completamente distinto. Seculariza lo que toca. Al contrario que

3   R. Barthes, *Mitologías,* México, Siglo XXI, 1999, p. 155.
4   *Ibid.*, p. 156.

el sentido de la vista, el tacto es incapaz de asombrarse. Por eso la pulida pantalla táctil, o *touchscreen,* es un lugar de desmistificación y de consumo total. Engendra lo que a uno *le gusta.*

Las esculturas de Jeffs Koons tienen, por así decirlo, *la pulidez del espejo,* de modo que el observador puede verse reflejado en ellas. En su exposición en la Fundación Beyeler comenta sobre su *Balloon Dog:*

> Después de todo, el *Balloon Dog* es un objeto maravilloso. Pretende robustecer al observador en su existencia. Yo trabajo a menudo con un material reflector y que espejea, porque robustece automáticamente al observador en la confianza que tiene en sí mismo. En una habitación oscura desde luego que eso no sirve de nada. Pero cuando uno está directamente delante del objeto, se refleja en él y se asegura de sí mismo.[5]

El *Balloon Dog* no es ningún caballo de Troya. No *esconde* nada. No hay ninguna *interioridad* que se oculte tras la superficie pulida.

Como sucede con el *smartphone,* en presencia de las esculturas bruñidas y abrillantadas, uno no se encuentra con el *otro,* sino solo consigo mismo. El

5   C. Gampert, cadena de radio Deutschlandfunk, programa *Kultur heute,* intervención del 14 de mayo de 2012.

lema de su arte es: «El núcleo es siempre el mismo: aprende a confiar en ti y en tu historia propia. Eso es también lo que quiero transmitir al observador de mis trabajos: debe sentir su propio placer de vivir».[6] El arte abre un campo de eco en el que yo me aseguro de mí mismo y de mi existencia. Lo que queda totalmente eliminado es la *alteridad* o la negatividad de lo *distinto* y de lo *extraño*.

El arte de Jeff Koons ostenta una dimensión *soteriológica*. Promete una *redención*. El mundo de lo pulido es un mundo de hedonismo, un mundo de pura positividad en el que no hay ningún dolor, ninguna herida, ninguna culpa. La escultura *Balloon Venus,* en postura de parto, es la María de Jeff Koons. Pero ella no da a luz a ningún redentor, a ningún *homo doloris* cubierto de heridas y con una corona de espinas, sino a un champán, a una botella de Dom Pérignon Rosé cosecha de 2003, que se encuentra en su vientre. Jeff Koons se escenifica como un bautista que promete una redención. No es casualidad que la serie de imágenes del año 1987 se llamara *Baptism*, «Bautismo». El arte de Jeff Koons ejerce una *sacralización de lo pulido e impecable*. Él escenifica una *religión de lo pulido, de lo banal;* es más, una *religión del consumo,* al precio de que toda negatividad debe quedar eliminada.

6   «Jeff Koons über Vertrauen», en *Süddeutsche Zeitung,* edición del 17 de mayo de 2010.

En opinión de Gadamer, la negatividad es esencial para el arte. Es su *herida*. Es opuesta a la positividad de lo pulido. En ella hay *algo* que me conmociona, que me remueve, que me cuestiona, de lo que surge la apelación de *tienes que cambiar tu vida:*

> Es el hecho de esto especial lo que constituye el «más», el hecho de que haya algo así. Diciéndolo con palabras de Rilke: «Algo así estaba entre los hombres». Esto mismo, el hecho de que lo haya, la facticidad, es al mismo tiempo una resistencia insuperable frente a toda expectativa de sentido que se crea superior. La obra de arte nos fuerza a reconocer esto. «No hay ninguna instancia que no te esté mirando. Tienes que cambiar tu vida». Es una sacudida, un verse derribado que sucede merced a esa dimensión especial con la que toda experiencia artística nos encara.[7]

De la obra de arte viene una sacudida que derrumba al espectador. Lo pulido y terso tiene una intención completamente distinta: se amolda al observador, le sonsaca un «me gusta». Lo único que quiere es agradar, y no derrumbar.

---

7   H.-G. Gadamer, *Aktualität des Schönen. Kunst als Spiel, Symbol und Fest,* en *Gesammelte Werke, Ästhetik und Poetik I: Kunst als Aussage,* vol. 8, Tubinga, 1993, p. 125.

Hoy, lo bello mismo resulta satinado cuando se le quita toda negatividad, toda forma de conmoción y vulneración. Lo bello se agota en el «me gusta». La estetización demuestra ser una «anestetización».[8] Seda la percepción. Así es como la obra *Wow* de Jeff Koons también es una reacción «anestética» que se opone diametralmente a aquella experiencia negativa de la sacudida, del verse derribado. Hoy resulta imposible la *experiencia* de lo bello. Donde se impone abriéndose paso el agrado, el «me gusta», se paraliza la *experiencia,* la cual no es posible sin negatividad.

La comunicación visual pulida e impecable se lleva a cabo como un *contagio* sin distancia estética. La exhaustiva visibilidad del objeto destruye también la mirada. Lo único que mantiene despierta la mirada es la alternancia rítmica de presencia y ausencia, de encubrimiento y desvelamiento. También lo erótico se debe a «la puesta en escena de una aparición-desaparición»,[9] a la «línea de flotación de lo imaginario».[10] La permanente presencia pornográfica de lo visible destruye lo imaginario. Paradójicamente, no da *nada a ver.*

---

8   Cfr. W. Welsch, *Ästhetisches Denken,* Stuttgart, 2010, pp. 9 ss. La anestetización, o anestética, no la entiende Welsch en el sentido de la anestesia, sino de la no-estética, de la cual él trata de extraer aspectos positivos.

9   R. Barthes, *El placer del texto,* México, Siglo XXI, 1993, p. 19.

10   J. Baudrillard, *El otro por sí mismo,* Barcelona, Anagrama, 1997, p. 27.

Hoy no solo se vuelve pulido lo bello, también lo feo. Lo feo pierde la negatividad de lo diabólico, de lo siniestro o de lo terrible, y se lo satina convirtiéndolo en una fórmula de consumo y disfrute. Carece por completo de esa mirada de medusa que infunde miedo y terror y que hace que todo se convierta en piedra. Lo feo de lo que hicieron uso los artistas y poetas del *Fin de Siècle* tenía algo de abisal y demoníaco. La política surrealista de lo feo era provocación y emancipación: rompía de forma radical con los modelos tradicionales de percepción.

Bataille percibía en lo feo una posibilidad de disolución de los límites y de liberación. Ofrece un acceso a la trascendencia:

> Nadie duda de la fealdad del acto sexual. Del mismo modo que la muerte en sacrificio, la fealdad del apareamiento hace entrar en la angustia. Pero cuanto mayor sea la angustia [...] más fuerte será la conciencia de estar excediendo los límites, conciencia decidida por un éxtasis de alegría.[11]

En consecuencia, la esencia de la sexualidad es exceso y transgresión. Disuelve los límites de la conciencia. En eso consiste su negatividad.

Hoy, la industria del entretenimiento explota lo feo y lo asqueroso. Los hacen consumibles. En un

---

11   G. Bataille, *El erotismo,* Barcelona, Tusquets, 2002, pp. 110 s.

principio, el asco era un «estado de excepción, una crisis aguda de autoafirmación frente a una alteridad inasimilable, un espasmo y un combate en el que se decide, literalmente, el ser o el no ser».[12] Lo asqueroso es lo inconsumible por excelencia. También para Rosenkranz lo asqueroso tiene una dimensión existencial. Es lo distinto de la vida, lo distinto de la forma, *lo que se pudre y descompone*. El cadáver es un fenómeno escandaloso, porque todavía tiene forma, aunque *en sí mismo sea amorfo*. A causa de la forma todavía presente conserva una apariencia de vida, aunque está muerto:

> Lo asqueroso es la dimensión de realidad [que tiene lo atroz], la negación de la forma bella del fenómeno mediante una amorfidad que proviene de la putrefacción física o de la degeneración moral. […] La apariencia de vida en lo que en sí mismo está muerto es lo infinitamente adverso que tiene lo asqueroso.[13]

Siendo lo infinitamente adverso, lo asqueroso se sustrae a todo consumo. Lo repugnante que hoy se ofrece en los *reality shows* de «supervivencia»

---

12   W. Menninghaus, *Ekel. Theorie und Geschichte einer starken Empfindung,* Frankfurt del Meno, 1999, p. 7.
13   K. Rosenkranz, *Ästhetik des Häßlichen,* Darmstadt, 1979, pp. 312 s. [trad. cast. *Estética de lo feo,* Madrid, Julio Ollero Editor, 1992].

carece de toda negatividad que pudiera desencadenar una crisis existencial. Se lo satina convirtiéndolo en formato de consumo.

La depilación brasileña deja el cuerpo *pulido*. Encarna el actual imperativo de higiene. Según Bataille, la esencia del erotismo es el ensuciamiento. En consecuencia, el imperativo higiénico sería el final del erotismo. El erotismo sucio deja paso a la *pornografía limpia*. Precisamente la piel depilada otorga al cuerpo una pulidez pornográfica que se percibe como pura y limpia. La sociedad actual, obsesionada por la limpieza y la higiene, es una sociedad positiva que siente asco ante cualquier forma de negatividad.

El imperativo higiénico se traslada también a otros ámbitos. Así es como por todas partes se dictan prohibiciones en nombre de la higiene. Robert Pfaller constata certeramente en su libro *Lo santo sucio y la razón pura*:

> Si, buscando rasgos comunes, uno trata de caracterizar las cosas que, por así decirlo, a nuestra cultura se le han vuelto inoficialmente imposibles, lo primero que llama la atención es que, estas cosas, nuestra propia cultura las experimenta a menudo bajo el signo de la repugnancia, como sucias.[14]

---

14   R. Pfaller, *Das schmutzige Heilige und die reine Vernunft. Symptome der Gegenwartskultur,* Frankfurt del Meno, 2008, p. 11.

A la luz de la razón higiénica, también toda ambivalencia y todo secreto se perciben como sucios. Pura es la transparencia. Las cosas se vuelven transparentes cuando se insertan en flujos pulidos de informaciones y datos. Los datos tienen algo de pornográfico y de obsceno. No tienen intimidad, ni *reversos,* ni *doble fondo.* En eso se distinguen del *lenguaje,* que no permite una *nitidez* total. Los datos y las informaciones se entregan a una visibilidad total y lo hacen todo visible.

El dataísmo está introduciendo una segunda Ilustración. La acción, que presupone el libre albedrío, era una de las máximas de la primera Ilustración. La segunda Ilustración satina la acción convirtiéndola en transacción, en *proceso manejado mediante datos,* que se realiza sin ninguna autonomía ni dramaturgia por parte del sujeto. Las acciones se hacen transparentes cuando se vuelven transaccionales, cuando se someten al proceso calculable y controlable.

La información es una forma pornográfica del saber. Carece de esa interioridad que lo caracteriza. Del saber es propia también una negatividad, en la medida en que, no rara vez, tiene que *conquistarse luchando contra una resistencia.* El saber tiene una estructura temporal por completo distinta. Se tensa entre el pasado y el futuro. La información, por el contrario, habita un tiempo que se ha satinado a partir de puntos de presente indiferenciados. Es un tiempo sin acontecimientos ni destino.

Lo pulido es algo que a uno meramente le gusta. Carece de la negatividad de lo *contrario*. Ha dejado de ser un *cuerpo contrapuesto*. Hoy también la comunicación se vuelve lisa. Se la satina convirtiéndola en un intercambio sin fricciones de informaciones. La comunicación pulida carece de toda negatividad de lo distinto y lo extraño. La comunicación alcanza su máxima velocidad cuando lo igual reacciona a lo igual. La resistencia que viene del *otro* perturba la pulida comunicación de lo igual. La positividad de lo pulido acelera los circuitos de información, de comunicación y de capital.

En las películas actuales, al rostro se lo filma a menudo en primer plano. El primer plano hace que el cuerpo aparezca en su conjunto de forma pornográfica. Lo despoja del lenguaje. Lo pornográfico es que al cuerpo lo despojen de su lenguaje. Las partes del cuerpo filmadas en primer plano surten el efecto de parecer órganos sexuales:

> El primer plano de una cara es tan obsceno como el de un sexo. *Es* un sexo. Cualquier imagen, cualquier forma, cualquier parte del cuerpo vista de cerca es un sexo.[1]

Para Walter Benjamin, el primer plano representa aún una praxis *lingüística y hermenéutica*. El primer plano *lee* el cuerpo. Tras el espacio configurado con la conciencia, hace legible el lenguaje del inconsciente:

> Con el primer plano se ensancha el espacio y bajo el retardador se alarga el movimiento. En una ampliación no solo se trata de aclarar lo que de otra manera no se vería claro, sino que más bien aparecen

[1]   J. Baudrillard, *El otro por sí mismo, op. cit.,* p. 36.

en ella formaciones estructurales del todo nuevas. […] Así es como resulta perceptible que la naturaleza que habla a la cámara no es la misma que la que habla al ojo. Es sobre todo distinta porque en lugar de un espacio que trama el hombre con su conciencia presenta otro tramado inconscientemente. […] Nos resulta más o menos familiar el gesto que hacemos al coger el encendedor o la cuchara, pero apenas si sabemos algo de lo que ocurre entre la mano y el metal, cuanto menos de sus oscilaciones según los diversos estados de ánimo en que nos encontremos.[2]

En el primer plano del rostro se difumina por completo el trasfondo. Conduce a una pérdida del mundo. La estética del primer plano refleja una sociedad que se ha convertido ella misma en una sociedad del primer plano. El rostro da la impresión de haber quedado atrapado en sí mismo, volviéndose autorreferencial. Ya no es un rostro que *contenga mundo,* es decir, ya no es *expresivo.* El *selfie* es, exactamente, este rostro vacío e inexpresivo. La adicción al *selfie* remite al vacío interior del yo. Hoy el yo es muy pobre en cuanto a formas de expresión estables con las que pudiera identificarse y que le otorgaran una identidad firme. Hoy nada tiene

2   W. Benjamin, «La obra de arte en la época de su reproductibilidad técnica», en *Discursos Interrumpidos 1,* Madrid, Taurus, 1989, p. 47.

consistencia. Esta inconsistencia repercute también en el yo, desestabilizándolo y volviéndolo inseguro. Precisamente esta inseguridad, este *miedo por sí mismo,* conduce a la adicción al *selfie,* a una *marcha en vacío del yo,* que nunca encuentra sosiego. En vista del vacío interior, el sujeto del *selfie* trata en vano de *producirse a sí mismo. El selfie es el sí mismo en formas vacías.* Estas reproducen el vacío. Lo que genera la adicción al *selfie* no es un autoenamoramiento o una vanidad narcisistas, sino un vacío interior. Aquí no hay ningún yo estable y narcisista que se ame a sí mismo. Más bien nos hallamos ante un *narcisismo negativo.*

En el primer plano, al rostro se lo satina hasta convertirlo en faz, en *face.* La faz, o *face,* no tiene ni hondura ni bajura. Es, justamente, *lisa.* Le falta la interioridad. Faz significa «fachada» (del latín *facies).* Para exponer la faz como una fachada no se necesita profundidad de campo. Esta última incluso desfavorecería la fachada. Así es como se abre del todo el diafragma. El diafragma abierto elimina la hondura, la interioridad, la *mirada.* Convierte la faz en obscena y pornográfica. La intención de exponer destruye esa *reserva* que constituye la interioridad de la mirada: «Él no mira nada: *retiene* hacia adentro su amor y su miedo: la Mirada es esto».[3] La faz, o la *face,* que se expone es sin *mirada.*

3   R. Barthes, *La cámara lúcida,* Barcelona, Paidós, 1990, p. 191.

El cuerpo se encuentra hoy en crisis. No solo se desintegra en partes corporales pornográficas, sino también en series de datos digitales. La fe en la mensurabilidad y la cuantificabilidad de la vida domina la época digital. También el movimiento *Quantified Self* aclama esta fe. Al cuerpo se lo provee de sensores digitales que registran todos los datos que se refieren a la corporalidad. *Quantified Self* transforma el cuerpo en una pantalla de control y vigilancia. Los datos recogidos se ponen también en la red y se intercambian. El dataísmo disuelve el cuerpo en datos, lo *conforma a los datos*. Por otro lado, el cuerpo se desmiembra en objetos parciales que semejan órganos sexuales. El *cuerpo transparente* ha dejado de ser el escenario narrativo de lo imaginario. Más bien es una agregación de datos o de objetos parciales.

La conexión digital interconecta el cuerpo convirtiéndolo en una red. El coche que se conduce a sí mismo no es otra cosa que una terminal móvil de informaciones a la que yo me limito a estar *conectado*. Con ello, conducir un coche pasa a ser un proceso puramente transaccional. La velocidad está del todo desacoplada de lo imaginario. El coche ha dejado de ser una prolongación del cuerpo ocupada por las fantasías de poder, posesión y apropiación. El coche que se conduce a sí mismo ha dejado de ser un falo. Un falo al que yo me limito a estar conectado es una contradicción. También compartir un coche, el *car-sharing,* deshechiza y desacraliza el coche. También deshechiza el cuerpo. Sobre el falo no tiene vigencia el principio de compartir o de *sharing,* pues él es justamente el símbolo de posesión, propiedad y poder por antonomasia. Las categorías de la economía de compartir o del *sharing,* tales como «conexión» o «acceso», destruyen la fantasía del poder y la apropiación. En el coche que se conduce a sí mismo yo no soy ningún actor, ni demiurgo, ni dramaturgo, sino un mero interfaz, o *interface,* en la red global de comunicación.

La estética de lo bello es un fenómeno genuinamente moderno. No será hasta la estética de la Modernidad cuando lo bello y lo sublime se disgreguen uno de otro. Lo bello queda aislado en su positividad pura. El sujeto de la Modernidad, al fortalecerse, hace de lo bello algo positivo convirtiéndolo en objeto de agrado. Así, lo bello resulta opuesto a lo sublime, que a causa de su negatividad en un primer momento no suscita ninguna complacencia inmediata. La negatividad de lo sublime, que lo distingue de lo bello, vuelve a resultar positiva en el momento en que se la reduce a la razón humana. Ya no es lo *externo*, ya no es lo *completamente distinto,* sino una forma de expresión *interior* del sujeto.

En Pseudo-Longinos, que redactó *Sobre lo sublime (Peri Hypsous),* lo bello y lo sublime todavía no están diferenciados. Así es como de lo bello también forma parte la negatividad de lo sobrecogedor. Lo bello va mucho más allá de la complacencia. Las mujeres hermosas son, según Pseudo-Longinos, «dolores oculares», es decir, son *dolorosamente bellas.* Bellezas estremecedoras y sublimes no son ninguna contradicción. La negatividad del dolor ahonda la belleza. Aquí, lo bello es cualquier cosa menos tersura.

Tampoco en Platón se diferencia lo bello de lo sublime. Lo bello, precisamente en lo que tiene de sublime, no puede ser superado. De él es propia aquella negatividad que resulta característica de lo sublime. La contemplación de lo bello no suscita complacencia, sino que conmociona. Al final de las fases del camino de lo bello, el iniciado vislumbra «súbitamente» lo «prodigiosamente bello» *(thaumaston kalon)*,[1] lo «divinamente bello» *(theion kalon)*.[2] Pero el contemplativo pierde el control, es sumido en el asombro y el horror *(ekplettontai)*. Un «delirio»[3] lo arrebata. La metafísica platónica de lo bello contrasta en gran medida con la estética moderna de lo bello como estética de la complacencia, que confirma al sujeto en su autonomía y su autocomplacencia en lugar de conmocionarlo.

De manera consecuente, la estética moderna de lo bello comienza con la *estética de lo terso*. Para Edmund Burke, lo bello es sobre todo lo *terso*. Los cuerpos que deparan deleite al tacto no deben ofrecer ninguna *resistencia*. Tienen que ser tersos. Es decir, lo terso es una superficie *optimizada, sin negatividad*. Lo terso causa una sensación que queda completamente libre de dolor y de resistencia:

1 Platón, *El banquete*, 210e.
2 *Ibid.*, 211e.
3 Platón, *Fedro*, 244a.

Si la *tersura* —como resulta evidente— es una causa principal del deleite para el tacto, el gusto, el olfato y el oído, también habrá que reconocerla como una de las bases de la belleza visual, sobre todo una vez que hemos mostrado que a esta cualidad se la puede hallar, casi sin excepción, en todos los cuerpos que se consideran unánimemente bellos. No se puede dudar de que los cuerpos ásperos y angulosos irritan y molestan a los órganos sensitivos, causando una sensación dolorosa que consiste en una tensión o contracción violenta de las fibras musculares.[4]

La negatividad del dolor reduce la sensación de lo bello. Incluso la «robustez» y la «fortaleza» lo merman. Bellas son propiedades como la «ternura» y la «finura». El cuerpo es «fino» cuando consta de «partes tersas» que «no muestran aspereza ni confunden la vista».[5] El cuerpo bello que suscita amor y alegría no hace esperar resistencia. La boca está un poco abierta, la respiración es lenta, todo el cuerpo reposa y las manos penden con dejadez a los lados. Y todo esto, según Burke, viene «acompañado de un sentimiento interior de enternecimiento y de debilidad».[6]

4   E. Burke, *Philosophische Untersuchung über den Ursprung unserer Ideen vom Erhabenen und Schönen,* Hamburgo, 1989, p. 193 s.
5   *Ibid.,* p. 160.
6   *Ibid.,* p. 192.

Burke eleva lo terso a rasgo esencial de lo bello. Así es como las hojas tersas resultan bellas en los árboles y las flores, y, en los animales, los plumajes o las pieles tersas. Lo que hace que una mujer sea bella es sobre todo la piel tersa. Toda aspereza estropea la belleza.

> Pues cuando se toma cualquier objeto bello y se hace que su superficie se ponga quebradiza y áspera ya dejará de gustar. Por otra parte, déjese que un objeto pierda tantas bases de la belleza como se quiera: con tal de que conserve esta única cualidad (la tersura), siempre seguirá gustando más que casi todos los demás objetos que no la tengan.[7]

También el ángulo agudo va en detrimento de lo bello: «Pues, en efecto, toda aspereza, todo saliente brusco y todo ángulo agudo contradicen en sumo grado la idea de belleza».[8] Aunque una modificación de la forma, como toda alternancia, resulta de provecho a lo bello, no debe producirse de forma abrupta ni repentina. Lo bello solo tolera un cambio suave de la forma:

> Es verdad que esas figuras [angulosas] cambian drásticamente, pero lo hacen de forma repentina y

7   *Ibid.*, p. 154.
8   *Ibid.*

abrupta, y yo no conozco ningún objeto natural que sea anguloso y al mismo tiempo bello.[9]

En lo que respecta al gusto, lo que se corresponde con lo terso es lo dulce:

> En el caso del olfato y del gusto encontramos que también todas las cosas que les resultan agradables a estos sentidos, y que en general decimos que son dulces, tienen una naturaleza tersa.[10]

Lo terso y lo dulce tienen el mismo origen. Son fenómenos de positividad pura. Así es como se agotan en el mero agrado.

Edmund Burke libera lo bello de toda negatividad. Lo bello tiene que deparar un «disfrute [completamente] positivo».[11] Por el contrario, de lo sublime es propia una negatividad. Lo bello es menudo y delicado, leve y tierno. Se caracteriza por la tersura y la lisura. Lo sublime es grande, macizo, tenebroso, agreste y rudo. Causa dolor y horror. Pero es sano en la medida en que conmueve enérgicamente el ánimo, mientras que lo bello lo aletarga. En vista de lo sublime, Burke hace que la negatividad del dolor y el horror vuelva a trocarse en posi-

9   *Ibid.*, pp. 155 s.
10   *Ibid.*, p. 194.
11   *Ibid.*, p. 67.

tividad, resultando purificadora y vivificante. Es así como lo sublime queda por completo al servicio del sujeto. Con ello pierde su *alteridad* y su *extrañeza*. Es absorbido completamente por el sujeto:

> En todos estos casos, si el dolor y el horror son tan moderados que no resultan inmediatamente dañinos, si el dolor no ha alcanzado una verdadera vehemencia y si el horror no está presenciando el hundimiento inmediato de la persona, entonces estos estímulos, purificando ciertas partes de nuestro cuerpo —ya sean delicadas o rudas— de perturbaciones peligrosas y fatigosas, son capaces de dejarnos contentos: no de suscitar deleite, sino una especie de horror que contenta, una especie de sosiego con un regusto de horror.[12]

Igual que hace Burke, Kant aísla lo bello en su positividad. Lo bello suscita una complacencia positiva. Pero va más allá del deleite hedonista, pues Kant lo inscribe en el proceso cognoscitivo. En la producción de conocimiento intervienen tanto la imaginación como el entendimiento. La imaginación es la facultad para compilar en una *imagen* unitaria los múltiples datos sensoriales que vienen dados con la intuición. El entendimiento opera en un nivel superior de abstracción, compilando las imágenes en

12   *Ibid.*, p. 176.

un *concepto*. En presencia de lo bello, las facultades cognoscitivas, concretamente la imaginación y el entendimiento, se encuentran en un *juego* libre, en un concierto armónico. Al contemplar lo bello, las facultades cognoscitivas *juegan*. Todavía no *trabajan* en la producción de conocimiento. Es decir, ante lo bello, las facultades cognoscitivas se encuentran en una actitud lúdica. Sin embargo, este juego libre no es del todo libre, no carece de objetivo, pues es un *preludio* al conocimiento en cuanto que *trabajo*. Pero todavía siguen *jugando*. La belleza presupone el *juego*. Tiene lugar antes del *trabajo*.

Lo bello agrada al sujeto porque estimula el concierto armónico de las facultades cognoscitivas. El sentimiento de lo bello no es otra cosa que el «placer por la armonía de las facultades cognoscitivas», por la armónica «sintonización de las fuerzas cognoscitivas», la cual es esencial para el *trabajo* del conocimiento. En Kant, en última instancia, el juego se subordina al trabajo, es más, al «negocio». Aunque lo bello no produce por sí mismo conocimiento, *entretiene y mantiene a punto* el mecanismo cognoscitivo. En presencia de lo bello, el sujeto se agrada *a sí mismo*. Lo bello es un sentimiento autoerótico. No es un sentimiento de objeto, sino de sujeto. Lo bello no es algo *distinto* por lo cual el sujeto se dejara arrebatar. La complacencia por lo bello es la complacencia del sujeto por sí mismo. En su teoría estética, Adorno pone de relieve justamente este rasgo autoerótico de la estética kantiana de lo bello:

> Esto formal, que obedece a legalidades subjetivas sin consideración de su otro, mantiene su carácter agradable sin ser quebrantado por eso otro: la subjetividad disfruta ahí inconscientemente de sí misma, del sentimiento de su dominio.[13]

Al contrario que lo bello, lo sublime no suscita ninguna complacencia inmediata. En presencia de lo sublime, la primera sensación es, como decía Burke, dolor o desgana. Resulta demasiado poderoso, demasiado grande para la imaginación. Esta no puede registrarlo, no puede compilarlo en una imagen. Así es como el sujeto se ve conmocionado y sobrecogido por ello. En eso consiste la negatividad de lo sublime. Al contemplar poderosos fenómenos naturales, el sujeto, en un primer momento, se siente impotente. Pero se recobra, concretamente merced a aquella «autoconservación de tipo totalmente distinto». El sujeto se salva refugiándose en la interioridad de la razón, frente a cuya idea de infinitud «todo en la naturaleza resulta pequeño».

Ni siquiera los poderosos fenómenos naturales conmocionan al sujeto. La razón está elevada por encima de ellos. El miedo a morir, la «inhibición

---

13   T. W. Adorno, *Teoría estética,* Madrid, Akal, 2004, p. 94.

de las fuerzas vitales» en vista de lo sublime, solo tiene una duración breve. La retirada a la interioridad de la razón, a sus ideas, hace que ese miedo se torne de nuevo en sentimiento de placer:

> Así es como el vasto océano soliviantado por tormentas no puede llamarse sublime. Su aspecto es atroz. Y uno tiene que haber llenado ya el ánimo de ciertas ideas para que una visión así lo pueda templar sumiéndolo en un sentimiento que sea por sí mismo sublime, siendo estimulado el ánimo a abandonar la sensibilidad y a ocuparse de ideas que encierran una finalidad superior.[14]

En vista de lo sublime, el sujeto se siente *elevado* por encima de la naturaleza, pues lo verdaderamente sublime es la idea de infinitud, que es propia de la razón. Esta sublimidad se proyecta de forma errónea al objeto, en este caso a la naturaleza. A esta confusión Kant la llama «transferencia subrepticia». Como sucede con lo bello, lo sublime no es un sentimiento de objeto, sino un sentimiento de sujeto: un sentimiento autoerótico de sí mismo.

La complacencia en lo sublime es «negativa», mientras que «la complacencia en lo bello es positiva». El agrado en lo bello es positivo porque agra-

---

14   I. Kant, *Kritik der Urteilskraft,* en *Werke in zehn Bänden,* Darmstadt, 1957, p. 330.

da inmediatamente al sujeto. En vista de lo sublime, lo que el sujeto siente en principio es desgana. Por eso, la complacencia en lo sublime es negativa. La negatividad de lo sublime no consiste en que, en presencia de eso sublime, el sujeto se confronte con *lo distinto de sí mismo,* en que sea *arrebatado de sí mismo y sacado a lo distinto,* en que se ponga *fuera de sí.* Tampoco de lo sublime es propia una negatividad de lo *distinto* que se entrecruzara con el autoerotismo del sujeto. Ni en vista de lo bello ni de lo sublime el sujeto se pone *fuera de sí.* En ningún momento pierde la presencia de ánimo. Lo completamente distinto que se sustrajera a lo sublime sería para Kant lo atroz, lo monstruoso o lo abisal. Sería una catástrofe, un desastre que no tendría lugar en la estética kantiana.

Ni lo bello ni lo sublime representan lo *distinto* del sujeto. Más bien son absorbidos por su intimidad. Una *belleza distinta,* es más, una *belleza de lo distinto,* solo se habrá recobrado cuando se le vuelva a conceder un espacio *más allá de la subjetividad autoerótica.* Pero no sirve de nada el intento de poner lo bello bajo sospecha general declarándolo el germen de la cultura del consumo, ni de hacer que se enfrente a lo sublime a la manera posmoderna.[15] Lo bello y lo sublime tienen el mismo origen. En lugar de contraponer lo sublime a

15 Por ejemplo, W. Welsch, *Ästhetisches Denken,* Stuttgart, 2003.

lo bello, se trata de devolver a lo bello una sublimidad que no se puede interiorizar, una sublimidad *desubjetivizante:* se trata de revocar la separación entre lo bello y lo sublime.

El sujeto de Kant conserva en todo momento la presencia de ánimo. Nunca se pierde, nunca se consume. Una interioridad autoerótica lo protege de toda irrupción de lo distinto o desde fuera. Nada lo conmociona. Adorno tiene en mente otro tipo de espíritu que, en vista de la sublimidad de la naturaleza de lo *completamente distinto,* cobra conciencia de sí mismo. Esa sublimidad arrebata al sujeto sacándolo de su encarcelamiento en sí mismo:

> Al contrario de lo que Kant quería, el espíritu percibe ante la naturaleza menos su propia superioridad que su propia naturalidad. Este instante mueve al sujeto a llorar ante lo sublime. El recuerdo de la naturaleza disuelve la terquedad de su autoposición: «¡La lágrima brota, la tierra vuelve a tenerme!»[1]

Las lágrimas rompen el «hechizo que el sujeto lanza a la naturaleza».[2] Al llorar, el sujeto se sale de sí mismo. Para Adorno, la experiencia genuinamente estética no es una complacencia en la que el sujeto

1 T. W. Adorno, *Teoría estética, op. cit.,* p. 438.
2 *Ibid.*

se reconozca a sí mismo, sino la conmoción o la toma de conciencia de su finitud:

> El estremecimiento, que está contrapuesto rotundamente al concepto habitual de vivencia, no es una satisfacción particular del yo, no se parece al placer. Más bien, es una advertencia de la liquidación del yo, que estremecido comprende su propia limitación y finitud.[3]

Lo «bello natural» no es algo que a uno le agrade inmediatamente. No designa un paisaje hermoso.

> Decir las palabras «¡Qué hermoso!» en un paisaje hiere a su lenguaje mudo y reduce su belleza; la naturaleza que aparece quiere silencio. [...] Cuanto más intensamente se contempla la naturaleza, tanto menos se percibe su belleza, a no ser que le llegue a uno involuntariamente.[4]

Lo bello natural se abre a una percepción *ciega e inconsciente*. Al ser una «clave de lo que aún no existe»,[5] lo bello natural designa «lo que parece más que lo que es literalmente en ese lugar».[6] Adorno

---

3   *Ibid.*, p. 397.
4   *Ibid.*, p. 128.
5   *Ibid.*, p. 133.
6   *Ibid.*, p. 130.

habla de una «vergüenza a lo bello natural» que proviene de vulnerar «lo que aún no existe al capturarlo en lo que existe».[7] La dignidad de la naturaleza es «la de algo que todavía no es y que, con su expresión, rechaza la intención de humanizarlo». Rechaza todo uso. Así es como lo bello natural se sustrae por completo al consumo y a una «comunicación» que solo conduzca a «la adaptación del espíritu a lo inútil», un amoldamiento a causa del cual «el espíritu se sitúa entre las mercancías».[8]

Lo bello natural queda cerrado a la mera complacencia, que siempre tiene algo de autoerótico. Lo único que tiene acceso a ello es el *dolor.* El dolor *desgarra* al sujeto al sacarlo de la interioridad autoerótica. El dolor es la *desgarradura* por la que se anuncia lo *completamente distinto:* «El dolor a la vista de lo bello, que nunca es más directo que la experiencia de la naturaleza, es tanto el anhelo por lo que lo bello promete».[9] En última instancia, la nostalgia de lo bello natural es la nostalgia de otro estado del ser, de una forma de vida por completo distinta y sin violencia.

Lo bello natural se contrapone a lo *bello digital.* En lo bello digital, la negatividad de lo *distinto* se ha eliminado por completo. Por eso es totalmente

7   *Ibid.*, p. 134.
8   *Ibid.*
9   *Ibid.*, p. 133.

pulido y liso. No debe contener ninguna *desgarradu-ra.* Su signo es la complacencia sin negatividad: el «me gusta». Lo bello digital constituye un *espacio pulido y liso de lo igual,* un espacio que no tolera ninguna extrañeza, ninguna *alteridad.* Su modo de aparición es el puro *dentro,* sin ninguna exterioridad. Incluso convierte a la naturaleza en una *ventana* de sí mismo. Gracias a la digitalización total del ser se alcanza una humanización total, una *subjetividad absoluta* en la que el sujeto humano ya solo se topa consigo mismo.

La temporalidad de lo bello natural es *el ya del todavía no.* Se manifiesta en el horizonte utópico de lo *venidero.* La temporalidad de lo bello digital es, por el contrario, el presente inmediato sin *futuro,* es más, sin *historia. Simplemente está delante.* A lo bello natural le es inherente una *lejanía.* «Se oculta en el instante de la mayor cercanía».[10] Su *aura de lejanía* lo sustrae a todo consumo:

> Indeterminado, antitético a las determinaciones, lo bello natural es indeterminable, emparentado en esto a la música. [...] Igual que en la música, en la naturaleza resplandece lo que es bello para desaparecer en seguida cuando se intenta fijarlo.[11]

10   *Ibid.*, p. 133.
11   *Ibid.*, p. 132.

Lo bello natural no se opone a lo bello artístico. Más bien, el arte imita lo «bello natural en sí mismo», lo «enigmático del lenguaje de la naturaleza».[12] Gracias a eso la salva. Lo bello artístico es la «la copia del silencio desde el que la naturaleza habla».[13]

Lo bello natural demuestra ser «la huella de lo no-idéntico en las cosas bajo el hechizo de la identidad universal».[14] Lo bello digital proscribe toda negatividad de lo no idéntico. Solo tolera *diferencias* consumibles y aprovechables. La *alteridad* deja paso a la *diversidad.* El mundo digitalizado es un mundo que, por así decirlo, los hombres han sobrehilado con su propia retina. Este mundo humanamente *interconectado* conduce a estar de manera continua mirándose a sí mismo. Cuanto más densa se teje la red, tanto más radicalmente se escuda el mundo frente a lo otro y lo de fuera. La retina digital transforma el mundo en una pantalla de imagen y control. En este espacio autoerótico de visión, en esta *interioridad digital,* no es posible ningún *asombro.* Los hombres ya solo encuentran agrado en sí mismos.

12   *Ibid.*
13   *Ibid.*, p. 134.
14   *Ibid.*, p. 133.

Lo bello es un escondrijo. A la belleza le resulta esencial el ocultamiento. La transparencia se lleva mal con la belleza. La *belleza transparente* es un oxímoron. La belleza es necesariamente una *apariencia.* De ella es propia una *opacidad. Opaco* significa «sombreado». El desvelamiento la desencanta y la destruye. Así es como lo bello, obedeciendo a su esencia, es *indesvelable.*

La pornografía como desnudez sin velos ni misterios es la contrafigura de lo bello. Su lugar ideal es el escaparate:

Nada más homogéneo que una fotografía pornográfica. Es una foto siempre ingenua, sin intención y sin cálculo. Como un escaparate que solo mostrase, iluminado, una sola joya; la fotografía pornográfica está enteramente constituida por la presentación de una sola cosa, el sexo: jamás un objeto secundario, intempestivo, que aparezca tapando a medias, retrasando o distrayendo.[1]

Pero ocultar, retardar y distraer son también estrategias espacio-temporales de lo bello. El cálculo de lo

1   R. Barthes, *La cámara lúcida, op. cit.*, pp. 86 s.

49

semioculto genera un brillo seductor. Lo bello *va-cila* a la hora de manifestarse. La distracción lo protege de un contacto directo. La distracción es esencial para lo erótico. La pornografía no conoce la distracción. Va directamente al asunto. La distracción convierte la pornografía en una fotografía erótica:

> Prueba *a contrario:* Mapplethorpe hace pasar sus grandes planos de sexos de lo pornográfico a lo erótico fotografiando de muy cerca las mallas del *slip:* la foto ya no es unaria, puesto que me intereso por la rugosidad del tejido.[2]

El fotógrafo desvía la mirada del *asunto.* Convierte lo secundario en principal, o subordina esto bajo aquello. También lo bello tiene lugar *al lado de* lo principal, en lo secundario. *Lo principal nunca es bello.*

La poesía de Goethe, según Benjamin, se decanta hacia el «espacio interior en una luz velada» que «se fragmenta en discos de colores». «Siempre que pugnaba por llegar a comprender la belleza», lo que conmovía a Goethe era el envoltorio.[3] Así es como Benjamin cita el *Fausto* de Goethe: «Agarra fuerte lo que te quedó cuando lo perdiste todo./ No sueltes el vestido. Ya los demonios/ estiran de

2   *Ibid.*
3   W. Benjamin, *Goethes Wahlverwandtschaften,* en *Gesammelte Schriften,* vol. I.I., Frankfurt del Meno, 1991, p. 197.

los bordes, queriéndolo/ arrastrar al inframundo. ¡Agarra fuerte!/ No es la diosa, a la que ya perdiste,/ pero sí que es divino». Lo divino es el vestido. A la belleza le resulta esencial el encubrimiento. Así es como la belleza no se deja desvestir o desvelar. Su esencia es la indesvelabilidad.

El objeto es bello en su envoltorio, en su encubrimiento, en su escondrijo. El objeto bello solo sigue siendo igual a sí mismo bajo el velo. Cuando se desvela, se vuelve «infinitamente inaparente». Ser bello es, básicamente, estar velado. Así es como Benjamin exige también de la crítica de arte una *hermenéutica del encubrimiento:*

> La crítica de arte no tiene que levantar el velo, sino que, más bien, lo que tiene que hacer es elevarse a la verdadera intuición de lo bello, pero solo gracias a un conocimiento muy exacto de lo bello como velo; tiene que elevarse a una intuición que jamás se revelará a eso que se da en llamar empatía, y que solo se revelará de modo incompleto a una contemplación más pura del ingenuo: a la intuición de lo bello como secreto. Jamás se captó una verdadera obra de arte sino cuando ella se expuso ineludiblemente como secreto, pues no se puede designar de otro modo a aquel objeto al que, en última instancia, le resulta esencial el velo.[4]

4 *Ibid.*, p. 195.

La belleza no se comunica ni a la empatía inmediata ni a la observación ingenua. Ambos procedimientos tratan de levantar el velo o de mirar a través de él. A la visión de lo bello como secreto solo se llega gracias al *conocimiento del velo como tal*. Hay que volverse sobre todo al velo para advertir lo velado. El velo es más esencial que el objeto velado.

El encubrimiento erotiza también el texto. Según san Agustín, Dios oscurecía intencionadamente las Sagradas Escrituras con metáforas, con una «capa de figuras»,[5] para convertirlas en objeto de deseo. El *bello vestido* hecho de metáforas erotiza las Escrituras. Es decir, el *revestimiento* es esencial para las Escrituras; es más, para lo bello. La técnica del encubrimiento convierte la hermenéutica en una erótica. Maximiza el *placer por el texto* y convierte la lectura en un acto amoroso.

También la Torá se sirve de la técnica del encubrimiento. Es expuesta como una amada que se oculta y que solo por un momento desvela su rostro a su amado, que permanece él mismo en lo oculto. La lectura se convierte en una aventura erótica:

Ciertamente, la Torá deja que una palabra se salga de su urna hacia fuera, para que aparezca un momento y vuelva a esconderse enseguida. Y cuando

5 San Agustín, *Ausgewählte Schriften,* vol. 8, *Ausgewählte praktische Schriften homiletischen und katechetischen Inhalts,* Múnich, 1925, p. 175.

la Torá se revela saliéndose de su urna para de inmediato volver a esconderse, solo lo hace para aquellos que la reconocen y están familiarizados con ella, pues la Torá es como una amada bella y coqueta que se esconde en una cámara oculta en su palacio. Ella tiene un único amado de quien nadie tiene noticia y que permanece escondido en lo oculto. Por amor a ella, este amado merodea una y otra vez el portal de su casa y [buscándola] pasea su mirada por todas partes. Ella sabe que el amado siempre anda rondando el portal de su casa. ¿Y qué hace? Abre una pequeña ranura en aquella cámara escondida en la que está, desvela por un momento su rostro al amado y enseguida se vuelve a esconder.[6]

La Torá es «patente y oculta». Habla «a través de un tenue velo de palabras alegóricas».[7] A su amado le cuenta «todos sus secretos ocultos y todas sus vías ocultas, que se guardan en su corazón desde los días primigenios».[8]

Básicamente, las informaciones no se pueden velar. Por su esencia misma son transparentes. Tan solo tienen que estar dadas. Rechazan toda metáfora, todo revestimiento velador. Hablan *directamente*.

6 G. Scholem, *Zur Kabbala und ihrer Symbolik,* Frankfurt del Meno, 1973, pp. 77 s.
7 *Ibid.,* p. 78.
8 *Ibid.,* pp. 78 s.

En eso se distinguen también del *saber*, que puede retirarse hacia el secreto. Las informaciones obedecen a un principio totalmente distinto: están orientadas hacia el desvelamiento, hacia la verdad última. Conforme a su esencia propia son pornográficas.

Según Barthes, el encubrimiento forma parte esencial de lo erótico. El «lugar más erótico» de un cuerpo es aquel «donde la vestimenta se abre», aquella zona de la piel que «centellea entre dos piezas (el pantalón y el pulóver), entre dos bordes (la camisa entreabierta, el guante y la manga)».[9] Es erótica la «puesta en escena de una aparición-desaparición».[10] La fisura, la ruptura y el hueco son lo que constituye lo erótico. El placer erótico por el texto se distingue del «placer del destape corporal», que surge de un *desvelamiento progresivo*. También es pornográfica una novela de un único hilo argumental que se dirige a un desvelamiento definitivo, a una *verdad final*. «Toda la excitación se refugia en la *esperanza* de ver el sexo (el sueño del colegial) o de conocer el fin de la historia (satisfacción novelesca)».[11] Lo erótico se las arregla *sin verdad*. Es una *apariencia,* un *fenómeno del velo.*

La seducción juega «la intuición de lo que en el otro permanece eternamente secreto para él mismo,

9   R. Barthes, *El placer del texto, op. cit.*, p. 19.
10 *Ibid.*, p. 19.
11 *Ibid.*

sobre lo que jamás sabré de él y que, sin embargo, me atrae bajo el sello del secreto».[12] Inherente a ella es un «*pathos* de la distancia», es más, un *pathos del encubrimiento*.[13] Ya la intimidad del amor elimina esa distancia secreta que es esencial para la seducción. Finalmente, la pornografía la hace desaparecer por completo:

> De una figura a la otra, de la seducción al amor, luego al deseo y a la sexualidad, finalmente al puro y simple porno, cuanto más se avanza, más adelantamos en el sentido de un secreto menor, de un enigma menor, más adelantamos en el sentido de la confesión, de la expresión, del desvelamiento.[14]

No solo se desnuda el cuerpo sino también el alma. La pornografía anímica es el final definitivo de la seducción, que es más juego que *verdad*.

12   J. Baudrillard, *La transparencia del mal,* Barcelona, Anagrama, 1991, p. 177.
13   *Id.*, *Las estrategias fatales,* Barcelona, Anagrama, 2000, p. 104.
14   *Ibid.*, p. 113.

Roland Barthes tiene en mente una *erótica de la vulneración:* «No tengo piel (salvo para las caricias). Tal es —parodiando al Sócrates de *Fedro*—, el Desollado y no el emplumado, como habría que decir hablando de amor».[1] La erótica del desollamiento se basa en una pasividad radical. El modo en que queda expuesto el desollado supera incluso el modo en que lo hace el desnudado. Significa *dolor y herida:* «Desollado. Sensibilidad especial del sujeto amoroso que lo hace vulnerable, ofrecido en carne viva a las heridas más ligeras».

La actual sociedad positiva elimina cada vez más la negatividad de la herida. Eso se puede decir también del amor. Se evita cualquier intervención costosa que pueda conducir a una vulneración. Las energías libidinosas, como si fueran inversiones de capital, se dispersan entre muchos objetos para eludir una pérdida total. También la percepción evita cada vez más la negatividad. Lo que domina la percepción es el «me gusta». Pero *ver,* en un sentido enfático, siempre es *ver de forma distinta,* es decir, *experimentar.* No se puede ver de manera distinta

1   R. Barthes, *Fragmentos de un discurso amoroso,* México, Siglo XXI, 1993, p. 125.

sin exponerse a una vulneración. Ver presupone la vulnerabilidad. De lo contrario, solo se repite lo mismo. Sensibilidad es vulnerabilidad. La herida —así podría decirse también— es *el momento de verdad que encierra el ver.* Sin herida no hay *verdad,* es más, ni siquiera *verdadera* percepción. En el *infierno de lo igual* no hay verdad.

En *Los apuntes de Malte Laurids Brigge,* Rilke describe el hecho de *ver* como una herida. El ver se expone por completo a lo que penetra en la zona desconocida de mi yo. De este modo, aprender a ver es cualquier cosa menos un proceso activo y consciente. Más bien es un *dejar que algo suceda* o un *exponerse a un suceso:*

> Estoy aprendiendo a ver. No sé a qué se debe, pero todo penetra en mí más hondamente y no se queda en el lugar en el que siempre solía terminar. Tengo un interior del que no sabía. Ahora todo va hacia ahí. No sé qué es lo que ahí sucede.

De la *experiencia* forma parte necesariamente la negatividad de verse conmocionado y arrebatado, que es la negatividad de la vulneración. La experiencia se parece a una travesía en la que uno tiene que exponerse a un peligro:

> El erizo. Él se ciega. [...] Al sentir el peligro, en la autopista, se expone al accidente. [...] No hay

poema sin accidente, no hay poema que no se abra como una herida, pero también que no sea hiriente.[2]

Sin herida no hay poesía ni arte. También el pensamiento se enciende con la negatividad de la herida. Sin dolor ni vulneración prosigue lo igual, lo que nos resulta familiar, lo habitual: «En su esencia, la experiencia […] es el dolor en el que la esencial alteridad de lo existente se desvela frente a lo habitual».[3]

También la teoría de Barthes de la fotografía desarrolla una estética de la vulneración. Barthes distingue dos elementos de la fotografía: al primer elemento lo llama *studium*. Se refiere al extenso campo de informaciones que hay que estudiar, al «campo tan vasto del deseo indolente, del interés diverso, del gusto inconsecuente: me gusta/no me gusta, *I like/I don't*».[4] El observador hurga y revuelve, se orea a gusto en el campo del *studium*. Se deleita con la fotografía como un placer para la vista. El *studium* pertenece al género del *to like,* del «me gusta», y no del *to love.* El *to like,* el «me gusta», carece de toda vehemencia, de todo estremecimiento.

2   J. Derrida, «¿Qué es la poesía?», en *Poesia,* I, II, Milán, 1988.
3   M. Heidegger, *Parmenides,* en *Gesamtausgabe,* vol. 54, Frankfurt del Meno, 1982, p. 249.
4   R. Barthes, *La cámara lúcida, op. cit.*, p. 66.

La fotografía está codificada culturalmente.[5] El *studium* investiga este código con mayor o menor deleite, pero «nunca es mi goce o mi dolor».[6] El *studium* no desata apasionamiento ni pasión ni amor. Solo pone en marcha un «anhelo a medias, un querer a medias». Lo guía un «interés vago, superficial, sin carga de responsabilidad».

El segundo elemento de la fotografía es el *punctum*. El *punctum* daña, hiere, estremece al observador: «Esta vez no soy yo quien va a buscarlo (del mismo modo que invisto con mi conciencia soberana el campo del *studium*), es él quien sale de la escena como una flecha y viene a punzarme». El *punctum* requisa súbitamente toda mi atención. La lectura del *punctum* es «al mismo tiempo corta y activa, recogida como una fiera».[7] El *punctum* se anuncia como una mirada, como la mirada de un depredador que me está mirando y que cuestiona la soberanía de mi ojo. Perfora la fotografía como un *deleite visual*.

El *punctum* marca un *vacío en el campo visual,* un «campo ciego». La fotografía, a la que es inherente un *punctum,* es, por tanto, un *escondrijo*. En eso consiste su erotismo, su poder de seducción:

5   *Ibid.*, p. 100.
6   *Ibid.*, p. 67.
7   *Ibid.*, p. 97.

La presencia (la dinámica) de este campo ciego es, me parece, lo que distingue la foto erótica de la foto pornográfica. [...] A mi parecer, no hay *punctum* en la imagen pornográfica; a lo sumo me divierte (y aun el tedio aparece pronto).[8]

La fotografía erótica es una imagen «alterada, fisurada».[9] La imagen pornográfica, por el contrario, no muestra quiebras ni fisuras. Es *lisa y pulida*. Hoy, todas las imágenes son más o menos pornográficas. Son transparentes. No muestran vacíos en el campo de visión. No tienen ningún escondrijo.

Otro aspecto del *punctum* es una opacidad fundamental. Se sustrae a todo nombramiento y a toda designación. No se puede convertir en una información ni en un saber: «lo que pueda nombrar no puede realmente punzarme. La incapacidad de nombrar es un buen síntoma de trastorno».[10] El *punctum* sale a buscarme ahí donde yo me resulto desconocido a mí mismo. En eso consiste lo que tiene de *siniestro*: «El efecto es seguro, pero ilocalizable, no encuentra su signo, su nombre; es tajante, y, sin embargo, recala en una zona incierta de mí mismo».[11]

8   *Ibid.*, pp. 108 s.
9   *Ibid.*, p. 86.
10 *Ibid.*, p. 100.
11 *Ibid.*, pp. 100 s.

A las fotografías uniformes les falta el *punctum.* Solo son objeto de *studium.* A pesar de su negatividad de la vulneración, el *punctum* se diferencia del *shock:*

> Las fotos de reportaje son muy a menudo fotografías unarias (la foto unaria no es necesariamente apacible). Nada de *punctum* en esas imagenes: choque sí —la letra puede traumatizar—, pero nada de trastorno; la foto puede «gritar», nunca herir.[12]

Al contrario que el *shock,* el *punctum* no *grita.* El *punctum* ama el silencio, custodia el secreto. A pesar de su silencio, se pronuncia como herida. Una vez que se han abolido todos los significados, todas las intenciones, todas las opiniones, todas las valoraciones, todos los juicios, todas las escenificaciones, todas las poses, todos los gestos, todas las codificaciones y todas las informaciones, el *punctum* se revela como un *resto quedo,* como un *resto que entona su canción y nos consterna.* El *punctum* es el remanente resistente que queda tras la *representación,* lo inmediato que se sustrae a la transmisión por medio del sentido y la significancia; es lo corporal, lo material, lo afectivo, lo inconsciente; es más, lo *real* que se opone a lo *simbólico.*

Las imágenes cinematográficas, a causa de su temporalidad, no tienen ningún *punctum:*

12   *Ibid.,* p. 86.

Ante la pantalla no soy libre de cerrar los ojos; si no, al abrirlos otra vez no volvería a encontrar la misma imagen; estoy sujeto a una continua voracidad; una multitud de otras cualidades, pero nada de *pensatividad;* de ahí, para mí, el interés del fotograma.[13]

El consumo voraz de imágenes hace imposible cerrar los ojos. El *punctum* presupone una *ascesis* del *ver.* Le es inherente algo musical. Esta música solo suena al cerrar los ojos, cuando uno hace «un esfuerzo de silencio».[14] El silencio libera a la imagen del «habitual blablá» de la comunicación. Cerrar los ojos significa «hacer hablar la imagen en el silencio».[15] Así es como Barthes cita a Kafka: «Fotografiamos cosas para ahuyentarlas del espíritu. Mis historias son una forma de cerrar los ojos».[16] El *punctum* se sustrae a la percepción inmediata. Va madurando lentamente en el espacio de la imaginación, el cual se despliega al cerrar los ojos. En él se entablan correspondencias secretas entre las cosas. El lenguaje del *punctum* es un *protocolo onírico de la imaginación.*

Como consecuencia de la aceleración, se totaliza la *presencia* inmediata. Ella desbanca toda latencia.

13 *Ibid.*, pp. 105 s.
14 *Ibid.*, p. 104.
15 *Ibid.*
16 *Ibid.*

Todo tiene que estar dado de inmediato. El *punctum*
no se manifiesta enseguida, sino solo posteriormente, al recordar:

> Nada de extraño, entonces, en que a veces, a pesar
> de su nitidez, [el *punctum*] solo aparezca después,
> cuando, estando la foto lejos de mi vista, pienso en
> ella de nuevo. Sucede algunas veces que puedo co-
> nocer mejor una foto que recuerdo que otra que
> estoy viendo. [...] Yo acababa de comprender que,
> por inmediato, por incisivo que fuese, el *punctum*
> podía conformarse con cierta latencia (pero jamás
> con examen alguno).[17]

La percepción de imágenes digitales se realiza como
contagio, como afecto, como contacto inmediato entre imagen y ojo. En eso consiste su obsceni-
dad. Carece de toda distancia *estética*. La percepción
como contagio no nos permite *cerrar los ojos*. El
binomio conceptual de Barthes *studium/punctum*
debe ampliarse con el *affectum*, el «afecto». El contacto inmediato entre imagen y ojo ya solo permite el *afecto*. El medio digital es un medio de *afectos*.
Estos son más rápidos que los sentimientos o los
discursos. Aceleran la comunicación. El *afecto* no
conoce la paciencia necesaria para el *studium* ni la
susceptibilidad necesaria para el *punctum*. Carece

17   *Ibid.*, p. 103 s.

de ese silencio elocuente, de ese *silencio lleno de lenguaje* que constituye el *punctum*. El afecto *grita* y *excita*. Solo provoca excitaciones y estímulos sin habla que suscitan un agrado inmediato.

En la *Crítica de la razón práctica* de Kant se encuentra la famosa sentencia que también está sobre su tumba:

> Dos cosas llenan el ánimo de admiración y respeto, siempre nuevos y crecientes cuanto más reiterada y persistentemente se ocupa de ellas la reflexión: el cielo estrellado que está sobre mí y la ley moral que hay en mí.[1]

La ley moral tiene su sede en la razón. Tampoco el cielo estrellado representa un afuera, algo externo al sujeto, sino que se despliega en la *interioridad de la razón*. Etimológicamente, *desastre* significa «sin estrellas» (del latín *des-astrum*). En el cielo estrellado de Kant no aparece ningún *desastre*.

Kant no conoce el desastre. Ni siquiera los poderosos fenómenos naturales representan acontecimientos catastróficos. En presencia de la violencia natural, el sujeto se refugia en una *interioridad* de la razón que hace que todo lo *externo* aparezca pequeño. Kant se inmuniza permanentemente contra

1   I. Kant, *Crítica de la razón práctica,* Buenos Aires, Losada, 2003, p. 171.

el *afuera,* el cual se sustrae a la interioridad autoerótica del sujeto. Todo debe conjurarse para que se
encauce hacia el interior del sujeto: así reza el imperativo categórico de su pensamiento.

Según Hegel, la tarea del arte consiste «en trans-
formar en ojo toda figura en todos los puntos de
su superficie visible […] de modo que, en ese ojo,
el alma libre se dé a conocer en su infinitud interior».[2] La obra de arte ideal es un Argos de mil ojos,
un espacio luminoso y viviente:

> O como exclama Platón en aquel famoso dístico
> dedicado a Aster: «Cuando miras las estrellas, estre-
> lla mía, ojalá fuera yo el cielo,/ para mirarte desde
> arriba con mil ojos»; el arte, de forma inversa, con-
> vierte cada una de sus configuraciones en un Argos
> de mil ojos, para que el alma interior y la espiritua-
> lidad sean vistos en todos sus puntos.[3]

El espíritu mismo es un Argos de mil ojos que todo
lo ilumina sin restricciones. El cielo de mil ojos del
que habla Hegel se parece al cielo nocturno estrellado de Kant, que no se ve afligido por ningún
des-astre, por ningún *afuera.* Tanto el «espíritu» de
Hegel como la «razón» de Kant representan fórmu-

2   G.W.F. Hegel, *Vorlesungen über die Ästhetik 1,* en *Werke in zwanzig Bänden,* vol. 13, Frankfurt del Meno, 1970, p. 203.
3   *Ibid.*

las conjuratorias contra el *desastre,* contra el *afuera,* contra lo *completamente distinto.*

Como ausencia de estrellas, el desastre irrumpe en el «espacio estrellado». Es la «enajenación radical»,[4] el afuera que quebranta la interioridad del espíritu:

> No diré que el desastre es absoluto: por el contrario, desorienta lo absoluto, va y viene, desconcierto nómada, sin embargo con la brusquedad insensible pero intensa de lo exterior.[5]

El desastre caracteriza otra forma de expectación que se distingue del «Argos de mil ojos» de Hegel: «Cuando digo: "vela el desastre", no es para dar un sujeto a la vela, sino para decir: la vela no sucede bajo un cielo sideral».[6] El desastre significa «estar separado de la estrellas».[7]

El *cielo vacío* como contrafigura del cielo estrellado representa para Blanchot la escena primordial de su infancia. Ese cielo vacío le revela la atopía de lo completamente distinto, del exterior que no cabe interiorizar, cuya belleza y cuya sublimidad colman al niño de una «alegría devastadora»: «El súbito y absoluto vacío del cielo, no visible, no oscuro [...]

4   M. Blanchot, *La escritura del desastre,* Caracas, Monte Ávila, 1990, p. 24.

5   *Ibid.*, p. 11.

6   *Ibid.*, p. 49.

7   *Ibid.*, p. 10.

sorprendió al niño con tal encanto y tal alegría, que por un momento se llenó de lágrimas».[8] El niño se siente arrebatado por la infinitud del cielo vacío. Arrancado de su interioridad, se siente ilimitado y vaciado en un exterior atópico. El desastre es una fórmula de la dicha.

La estética del desastre se opone a la estética de la complacencia, en la que el sujeto goza de sí mismo. Es una *estética del acontecimiento.* Desastroso puede ser también un acontecimiento inaparente, como polvo blanco arremolinado por una gota de lluvia, una nevada silenciosa en el crepúsculo matinal, el olor de unas rocas en el calor estival, un *acontecimiento de vacío* que vacía al yo, lo desinterioriza, lo desubjetiviza, llenándolo así de dicha. Todos los acontecimientos son *bellos* porque *expropian* al yo. El desastre significa la muerte del sujeto autoerótico que se aferra a sí mismo.

En *Las flores del mal* se encuentra el poema «Himno a la belleza». *Des astres,* las «estrellas», de las que emana la belleza, Baudelaire hace que rimen con *désastres.* La belleza es un «desastre» que desbarata el orden de las estrellas. Es la antorcha *(flambeau)* a la que la mariposa se acerca y con la que se quema. *Flambeau* rima con *tombeau,* «tumba». La belleza *(beau)* es intrínseca tanto a la an-

8   M. Blanchot, «*[... absolute Leere des Himmels]*», en M. Coelen (ed.), *Die andere Urszene,* Berlín, 2008, p. 19.

torcha *(flambeau)* como a la tumba *(tombeau)*. La negatividad del desastre, de lo mortal, es un momento de lo bello.

Lo bello, según se dice en la primera *Elegía de Duino* de Rilke, «no es más que ese comienzo de lo terrible que todavía llegamos a soportar». La negatividad de lo terrible constituye la matriz, la capa profunda de lo bello. Lo bello es lo insoportable que todavía llegamos a soportar, o lo insoportable hecho soportable. Nos escuda de lo terrible. Pero, al mismo tiempo, a través de lo bello resplandece lo terrible. Eso es lo que constituye la ambivalencia de lo bello. Lo bello no es una imagen sino un *escudo*.

También para Adorno la negatividad de lo terrible es esencial para lo bello. Lo bello es la forma intrínseca de lo amorfo, de lo indiferenciado: «El espíritu que forma estéticamente solo dejó pasar de aquello en lo que se activaba lo que se le parecía, lo que comprendía o tenía la esperanza de equipararse. Se trataba de un proceso de formalización». Lo bello se distingue de lo amorfo, de lo terrible, del todo indiviso, poniendo formas, es decir, diferencias: «La imagen de lo bello como lo uno y diferenciado surge con la emancipación respecto del miedo a la naturaleza abrumadora en cuanto un todo no diferenciado». Pero la apariencia bella no conjura por completo lo terrible. La impermeabilización «frente a lo que existe inmediatamente», contra lo amorfo, tiene fugas.[9] Lo amorfo «se parapeta fuera, como el enemigo ante los muros de la ciudad sitiada, y la hace morir de hambre».[10]

La apariencia bella es frágil y está amenazada. Se ve «progresivamente perturbada» por lo *distinto* a ella, por lo *terrible:* «La reducción que la belleza causa a lo terrible, desde lo cual y por encima de lo cual ella se eleva y a lo cual mantiene fuera de su templo, tiene a la vista de lo terrible algo de impactante». La relación entre lo bello y lo terrible es ambivalente. Lo bello no se limita a repeler lo terrible. Tampoco lo desacredita. Más bien, el espíritu configurador necesita lo amorfo, su enemigo, para no anquilosarse en una apariencia muerta. La *racionalidad* configuradora necesita la *mímesis,* la cual se amolda a lo amorfo, a lo terrible. Del espíritu es propio el «anhelo [mimético] de lo dominado»,[11] que no es otra cosa que lo terrible. Lo bello está emplazado entre el desastre y la depresión, entre lo terrible y lo utópico, entre la irrupción de lo distinto y el anquilosamiento en lo igual. La idea de Adorno de lo bello natural se dirige justamente contra la rígida identidad de la forma. Lo bello da testimonio de lo no idéntico:

9   T. W. Adorno, *Teoría estética, op. cit.,* p. 99.
10   *Ibid.*
11   *Ibid.,* p. 100.

Lo bello natural es la huella de lo no-idéntico en las cosas bajo el hechizo de la identidad universal. Mientras este hechizo impera, nada no-idéntico existe positivamente. De ahí que lo bello natural esté tan disperso e incierto y que lo que se espera de él sobrepase todo lo intrahumano.[12]

La negatividad del quebrantamiento es constitutiva de lo bello. Así es como Adorno habla de una coherencia «antagónica y quebrada».[13] Sin la negatividad del quebrantamiento, lo bello se atrofia en lo liso y pulido. Adorno describe la forma estética usando fórmulas paradójicas. Su armonización consiste en «no estar en orden». No está libre de «divergencia» ni de «contradicciones».[14] Su unidad está rota. Se ve interrumpida «mediante su otro».[15] El corazón de lo bello está roto.

Lo *sano* es una forma de expresión de lo liso y pulido. Paradójicamente, irradia algo morboso, algo inerte. Sin la negatividad de la muerte, la vida se anquilosa en lo muerto. Se la satina, convirtiéndola en aquello que, por carecer de vida, tampoco puede morir. La negatividad es la fuerza vivificante de la vida. Constituye también la esencia de

12 *Ibid.*, p. 133.
13 *Ibid.*, p. 243.
14 *Ibid.*, p. 246.
15 *Ibid.*, p. 216.

lo bello. Inherente a lo bello es una *debilidad,* una *fragilidad,* un *quebrantamiento.* Es a esta negatividad a lo que lo bello tiene que agradecerle su fuerza de seducción. Lo sano, por el contrario, no seduce. Tiene algo de pornográfico. *La belleza es enfermedad:*

> La proliferación de lo sano trae inmediatamente consigo la proliferación de la enfermedad. Su antídoto es la enfermedad consciente de sí misma, la restricción de la vida propiamente tal. Esa enfermedad curativa es lo *bello.* Este pone freno a la vida, y, de ese modo, a su colapso. Mas si se niega la enfermedad en nombre de la vida, la vida hipostasiada, por su ciego afán de independencia de ese otro momento, se entrega a este de lo pernicioso y destructivo, de lo cínico y lo arrogante. Quien odia lo destructivo tiene que odiar también la vida: solo lo muerto se asemeja a lo viviente no deformado.[16]

La actual calocracia, o imperio de la belleza, que absolutiza lo sano y lo pulido, justamente elimina lo bello. Y la mera vida sana, que hoy asume la forma de una supervivencia histérica, se trueca en lo muerto, en aquello que por carecer de vida tampoco puede morir. *Así es como hoy estamos demasiado muertos para vivir y demasiado vivos para morir.*

16   T. W. Adorno, *Minima Moralia. Reflexiones desde la vida dañada,* Madrid, Taurus, 2001, p. 75 (énfasis del autor).

Aunque la estética kantiana de lo bello viene definida por la subjetividad autoerótica, no es una estética del consumo. El sujeto kantiano es más bien ascético que no hedonista. La complacencia por lo bello es *desinteresada*. Una distancia *estética* hace posible demorarse en lo bello. La visión estética no es consumidora, sino contemplativa. Aunque Kant aísla lo bello en su positividad, ello no es objeto del deleite hedonista. Lo bello no emite ningún *estímulo*. Más bien es una *forma* estética. En el régimen estético actual, por el contrario, se producen muchos estímulos. Justo en esta marea de estímulos y excitaciones es donde lo bello desaparece. Dicha marea no permite ninguna distancia contemplativa hacia el objeto, entregándolo al consumo.

En Kant, además, lo bello supera lo puramente estético. Se adentra en lo moral. En su poema *Himno a la belleza,* Hölderlin se refiere a Kant: «Con sus formas bellas, la naturaleza nos habla figurativamente, y el don interpretativo de su escrito cifrado se nos ha otorgado con el sentimiento moral». La plusvalía moral de lo bello es lo que constituye también el «ideal de lo bello», que Kant distingue de la «idea normal de lo bello». Esta última es una norma genérica.[1] Una figura resulta bella si obedece a esa norma y, por el contrario, resulta fea si diverge por completo de ella. No solo el hombre: toda especie tiene su idea normal de lo bello. Es la «rectitud en la exposición del género», un «modelo primordial» conforme al cual se reproduce el género. El rostro que obedece a la idea normal de lo bello es un rostro perfectamente regular y liso que no contiene «nada característico». Representa «más la idea del género que lo específico de una persona».[2] Al contrario que la idea normal de lo bello, el «ideal de lo bello» queda reservado exclusivamente al hombre. Es la «expresión visible de ideas morales que gobiernan interiormente al hombre».[3]

A causa de su contenido racional, el ideal de lo bello se sustrae a todo consumo. No permite «a ningún estímulo sensorial que se mezcle en la complacencia en su objeto» y, sin embargo, «permite tener un gran interés por ello». En relación con el ideal de lo bello, el juicio va más allá de lo meramente estético, va más allá del mero gusto. Es un «juicio de

1   I. Kant, *Kritik der Urteilskraft, op. cit.*, p. 234: «Si ahora, de modo similar, para este hombre promediado se busca la cabeza promediada, si para esta cabeza promediada se busca la nariz promediada, etc., entonces *lo que queda* es esta figura *de la idea normal* del hombre bello».

2   *Ibid.*, p. 317.

3   *Ibid.*, p. 318.

gusto intelectualizado» que se basa en el «acuerdo del gusto con la razón, es decir, de lo bello con el bien».[4] No todos son capaces de exponer y juzgar esta belleza. Para eso se necesita el poder de la imaginación, que es capaz de visualizar las ideas morales, de las que uno se hace partícipe gracias a una formación superior. Con el ideal de lo bello, Kant concibe una *belleza moral* o una *moral de lo bello*.

Históricamente, la belleza solo fue relevante en la medida en que era expresión de moral y de carácter. Hoy, la belleza del carácter deja paso totalmente al atractivo sexual o *sexyness:*

> En el siglo XIX, a las mujeres de clase media se las consideraba atractivas gracias a su *belleza* más que a lo que hoy denominamos su *sex appeal*. Y la belleza, a su vez, era concebida como un atributo físico y espiritual. […] El atractivo sexual *per se* […] representa un criterio de evaluación novedoso, desvinculado tanto de la belleza como del carácter moral. Más bien, según este criterio, el carácter y la configuración psicológica de una persona quedan subordinados en última instancia a la sensualidad.[5]

La sexualización del cuerpo no sigue unívocamente a la lógica de la emancipación, pues acompaña a

4 *Ibid.*, p. 312.
5 E. Illouz, *¿Por qué duele el amor?*, Buenos Aires, Katz, 2012, p. 62.

una comercialización del cuerpo. La industria de la belleza explota el cuerpo sexualizándolo y haciéndolo consumible. El consumo y el atractivo sexual se implican el uno al otro. Una identidad personal basada en resultar sexualmente deseable es un producto del capitalismo de consumo. La cultura de consumo somete cada vez más la belleza al esquema de estímulo y excitación. El ideal de lo bello se sustrae al consumo. Así es como se elimina cualquier plusvalía de lo bello. Lo bello se vuelve liso y pulido y se somete al consumo.

El atractivo sexual, o *sexyness,* se contrapone a la belleza moral o a la belleza de carácter. La moral, la virtud o el carácter tienen una temporalidad peculiar. Se basan en la duración, en la firmeza y en la constancia. Originalmente, el carácter significaba el signo marcado a fuego, la quemadura indeleble. Su rasgo principal es la inalterabilidad. Para Carl Schmitt, el agua es un elemento sin carácter porque no permite ninguna marca fija:

> En el mar tampoco pueden […] grabarse líneas firmes. […] El mar no tiene ningún carácter en el sentido original de la palabra, que procede de la palabra griega *diarassein:* grabar, rasgar, imprimir.[6]

6   C. Schmitt, *El nomos de la tierra en el derecho de gentes del ius publicum europeum,* México, Fondo de Cultura Económica, 2001, p. 463.

La firmeza y la constancia no resultan propicias para el consumo. El consumo y la duración se excluyen mutuamente. Son la inconstancia y la evanescencia de la moda las que lo aceleran. Así es como la cultura de consumo va eliminando la duración. El carácter y el consumo son opuestos. El *consumidor ideal* es un *hombre sin carácter*. Esta falta de carácter es lo que hace posible un consumo indiscriminado.

Según Schmitt, es un «signo de escisión interior [...] tener más de un único verdadero enemigo». La firmeza de carácter no permite una «dualidad de enemigos». Es necesario confrontarse «combatiendo» con el enemigo único «para ganar la medida propia, el límite propio, la figura propia». De este modo, el enemigo es «nuestra pregunta propia como forma».[7] También un único amigo de verdad sería la prueba de que uno tiene un carácter firme. Schmitt diría: cuanto menos carácter y menos forma se tiene, cuanto más liso y pulido y más escurridizo se es, tantos más *friends* tiene uno. Facebook es un *mercado de la falta de carácter*.

El libro de Carl Schmitt *El nomos de la tierra* comienza con la alabanza de la tierra. Alaba a la tierra sobre todo por su firmeza, pues no permite limitaciones, distinciones ni vallados claros. Su fir-

<hr />

7   Id., *Theorie des Partisanen. Zwischenbemerkung zum Begriff des Politischen,* Berlín, 1963, pp. 87 s. [trad. cast. *Teoría del partisano,* Madrid, Trotta, 2013].

meza es lo que hace posible también erigir sobre ella mojones fronterizos, muros y fortalezas. «Aquí se vuelven manifiestos los ordenamientos y las ubicaciones de la convivencia humana. Familia, clan, estirpe y estamento, los modos de propiedad y de vecindad, pero también las formas de poder y de dominio se vuelven aquí públicamente visibles».

El *nomos de la tierra* del que habla Schmitt es un paradigma que hemos abandonado hace tiempo a cambio de lo digital. El orden digital desplaza todos los parámetros del *ser*. «Propiedad», «vecindad», «clan», «estirpe» y «estamento» se encuadran todos ellos en el orden terreno, en el orden de la tierra. La interconexión digital disuelve el clan, la estirpe y la vecindad. La economía del compartir o del *sharing* hace que también la «propiedad» se vuelva superflua, reemplazándola por el *acceso*. El medio digital se asemeja al mar sin carácter, en el que no pueden inscribirse líneas ni marcas fijas. En el mar digital no se pueden edificar fortalezas ni umbrales ni muros ni fosos ni mojones fronterizos. Se pueden interconectar mal los caracteres firmes. No son *capaces de conexión ni de comunicación*. En los tiempos de la interconexión, de la globalización y de la comunicación, un carácter firme no es más que un obstáculo y un inconveniente. El orden digital celebra un nuevo ideal. Se llama el *hombre sin carácter,* la *lisura sin carácter*.

También la estética de Hegel permite una doble
lectura. Por un lado, hace posible leerla teniendo
en cuenta la interioridad subjetiva, que no conoce
ningún afuera, ningún desastre. Por otro lado, permite una lectura que se mueve a lo largo de la dimensión de libertad y reconciliación. Esta segunda
lectura es incluso más interesante que la primera.
Si al pensamiento de Hegel se le quita el corsé de
la subjetividad o se le desactiva su carga de subjetividad, depara aspectos muy interesantes. La crítica posmoderna de Hegel los oculta por completo.

En la estética de Hegel es central el «concepto».
Hegel idealiza lo bello, y le otorga el *esplendor de la
verdad*. La belleza es el concepto que se manifiesta
en lo sensible, o la «idea como realidad configurada
en concordancia con su concepto».[1] El «concepto»
hegeliano no es nada abstracto. Es la forma viviente y vivificante que configura a fondo la realidad,
interviniendo a través de ella y *aprehendiéndola*. El
concepto unifica sus partes en una totalidad viviente y orgánica. La totalidad que el concepto configura lo com-*prende* todo *en sí*. En el concepto, todo
está *comprendido en su quintaesencia*. Lo *bello* es esta

1   G.W.F. Hegel, *Vorlesungen über die Ästhetik 1, op. cit.*, p. 157.

recopilación, esta congregación en lo *uno* que es capaz de «revocar mil particularidades desde su dispersión para concentrarlas en *una* expresión y en *una* figura».[2] El concepto es congregante, transmisor y reconciliador. Así es como «no tiene nada que ver con un amontonamiento».[3] Ningún «amontonamiento» es hermoso. El concepto se ocupa de que el conjunto no se desintegre ni se disipe en un «amontonamiento».

Una crítica frecuente a la idea hegeliana del todo, que procede fundamentalmente de las filas posmodernas, dice que el todo, siendo una totalidad, domina las partes individuales reprimiendo su pluralidad y su heterogeneidad. Pero esta crítica no hace justicia a la idea hegeliana de la totalidad ni del concepto. La totalidad hegeliana no es una configuración de dominio, no es una totalidad que someta a sí las partes y las subyugue. Más bien, esa totalidad es lo único que abre a las partes su margen de movimiento y de acción, haciendo con ello posible por vez primera la libertad: «El todo es [...] el uno que, en sí, conserva vinculadas las partes en su libertad».[4] La totalidad es una figura de mediación y reconciliación, una unidad armónica, un «equili-

2   *Ibid.*, p. 201.

3   G.W.F. Hegel, *Grundlinien der Philosophie des Rechts,* en *Werke in zwanzig Bänden,* vol. 7, Frankfurt del Meno, 1986, p. 439.

4   *Id., Enzyklopädie der philosophischen Wissenschaften II,* en *Werke in zwanzig Bänden,* vol. 9, Frankfurt del Meno, 1986, p. 368.

brio en reposo de todas las partes».[5] Es reconciliadora. El concepto funda una unidad en la que «las partes y las oposiciones particulares no perseveran unas contra otras en una autonomía y una firmeza reales, sino que ya solo tienen vigencia como momentos ideales reconciliados en una consonancia libre».[6] La reconciliación representa la tarea por antonomasia de la filosofía:

La filosofía [...] irrumpe en medio de determinaciones que se contradicen, reconociéndolas con arreglo a su concepto, es decir, advirtiendo que en su unilateralidad no son absolutas, sino que se disuelven, y poniéndolas en armonía y en unidad, que es en lo que consiste la verdad.[7]

La verdad es reconciliación. La verdad es libertad.

El concepto engendra una totalidad armónica. Es bella la sintonización conjunta y sin coerción de las partes en una totalidad:

Ambas cosas tienen que venir dadas en el objeto bello: la *necesidad* que el concepto pone en la pertenencia mutua de los aspectos particulares, y la

5   Id., *Phänomenologie des Geistes*, en *Werke in zwanzig Bänden*, Frankfurt del Meno, 1986, vol. 3, p. 340.
6   Id., *Vorlesungen über die Ästhetik 1, op. cit.*, p. 138.
7   *Ibid.*

apariencia de la *libertad* de esas partes como siendo para sí, y *no solo* como surgidas para la *unidad*.[8]

Constitutiva de la belleza es la libertad de las partes *para sí* dentro de una unidad o totalidad.

El objeto bello es algo que hay enfrente y con lo cual el sujeto entabla también una relación *libre*. Al estar frente a un objeto, el sujeto no es libre mientras sigue siendo dependiente de él o mientras trata de someterlo a su voluntad, a su objetivo y a su interés, topando, al hacerlo, con la resistencia del objeto. Lo *estético* asume una posición de *medio* y de *mediación* entre lo *teórico* y lo *práctico*:

> En lo *teórico,* el *sujeto* es finito y carece de libertad a causa de las cosas, cuya autonomía se presupone; en lo *práctico,* no es libre a causa de la unilateralidad [...] de los impulsos y las pasiones excitadas desde fuera, así como por la resistencia de los objetos, que nunca se elimina por completo.[9]

En lo teórico, el sujeto no es libre a causa de la autonomía de las cosas. Asimismo, en lo práctico el sujeto tampoco es libre, porque somete a las cosas a sus impulsos y pasiones. Aquí está confrontado con la resistencia de las cosas. Solo en la rela-

8   *Ibid.,* p. 156.
9   *Ibid.,* p. 154.

ción *estética* con el objeto el sujeto es libre. La relación *estética* libera también al objeto para su peculiaridad respectiva. Lo que caracteriza al objeto artístico es la libertad y la falta de coerción. La relación estética no acosa al objeto en ningún sentido, no le impone nada externo. El arte es una praxis de libertad y reconciliación:

> El interés artístico se distingue del interés práctico de los apetitos en que deja que su objeto se mantenga libre por sí mismo, mientras que los apetitos lo emplean para su provecho destruyéndolo. Por el contrario, la observación artística se distingue de la observación teórica de la inteligencia científica de una manera inversa, albergando un interés por el objeto en su existencia particular, sin actuar para transformar el objeto en un pensamiento general ni en un concepto suyos.[10]

Lo bello es algo que hay delante y en lo cual desaparece toda forma de dependencia y coerción. En cuanto pura finalidad en sí misma, lo bello queda libre de toda determinación extrínseca en la que «sirviera a objetivos externos como medio útil de ejecución, resistiéndose sin libertad contra tal ejecución o viéndose obligado a asumir en sí la fina-

10   *Ibid.*, p. 60.

lidad externa».[11] El objeto bello «ni lo urgimos ni lo forzamos». En presencia de lo bello como «el concepto y la finalidad plenamente realizados», el *sujeto mismo* renuncia por completo a su interés por él. Sus «ansias» se retiran. El sujeto no trata de instrumentalizarlo para sí. «Suprime» «sus objetivos en relación con el objeto, y lo contempla como si fuera autónomo en sí mismo, como fin en sí mismo». *Dejar ser,* es más, el *desasimiento sereno,* sería su postura hacia lo bello. Lo bello es lo único que enseña a *demorarse desinteresadamente en algo:*

> Por eso, la contemplación de lo bello es de tipo liberal, un dejar estar a los objetos como libres e infinitos en sí mismos, sin querer poseerlos ni utilizarlos como útiles para necesidades e intenciones finitas.[12]

En presencia de lo bello también desaparece la separación entre sujeto y objeto, entre yo y objeto. El sujeto *se sume contemplativamente* en el objeto y se unifica y reconcilia con él:

> En la relación con el objeto, […] el yo cesa igualmente de ser una mera abstracción del prestar atención, de la visión sensible, de la observación. […] En

11   *Ibid.*, p. 155.
12   *Ibid.*, pp. 155 s.

este objeto, el yo se vuelve en sí mismo concreto, realizando la unificación de las partes —que hasta ahora estaban separadas en yo y objeto y que por eso eran abstractas— en su concreción propia y para sí.[13]

La estética hegeliana de lo bello es una estética de la verdad y de la libertad, que sustrae a lo bello de todo consumo. Ni la «verdad» ni el «concepto» se dejan consumir. Lo bello es una finalidad en sí misma. Su esplendor lo muestra a él mismo, a su necesidad interna. No se somete a ninguna finalidad, a ningún contexto de uso que sea externo a él, pues existe por mor de sí mismo. Reposa en sí. Para Hegel, ningún objeto de uso, ningún objeto de consumo, ninguna mercancía serían bellos. Les falta esa independencia interior, esa libertad que constituye lo bello. El consumo y la belleza se excluyen mutuamente. Lo bello no hace *propaganda* de sí. No seduce ni para el disfrute ni para la posesión. Más bien, invita a demorarse contemplativamente. Hace que desaparezcan tanto las ansias como los intereses. Así es como el arte no se lleva bien con el capitalismo, que todo lo somete al consumo y a la especulación.

La verdad es la contrafigura del «amontonamiento». No hay ningún *montón de verdad*. Así es

---

13 *Ibid.*, p. 155.

como la verdad no sucede *a menudo*. Al igual que la belleza, la verdad es una *forma,* mientras que el amontonamiento es amorfo. Los «entrelazamientos barrocos»[14] no le parecen bellos a Hegel porque constituyen un amontonamiento, una yuxtaposición incoherente, es decir, sin concepto. A pesar de la distancia conceptual, las cosas copulan entre sí. Al barroco le falta la propensión a lo uno, es decir, el concepto, que es lo que constituye la belleza.

La verdad baja la entropía, concretamente el *nivel de ruido*. Sin verdad, sin concepto, la realidad se desintegra en un amontonamiento ruidoso. Tanto la belleza como la verdad son algo *exclusivo*. No son *frecuentes*. De ellas es propia una *exclusión engendradora*. También la *teoría* es capaz de producirla. De un montón de datos, como *Big Data,* se pueden extraer informaciones útiles, pero no generan *conocimiento* ni *verdad*. Ese «final de la teoría» que Chris Anderson proclamó, en el que la teoría es reemplazada por datos, significa el final de la verdad, el final de la narración, el final del espíritu. Los datos son meramente *aditivos*. La adición se opone a la narración. A la verdad le es inherente una verticalidad. Los datos y las informaciones, por el contrario, habitan lo horizontal.

14   G.W.F. Hegel, *Enzyklopädie der philosophischen Wissenschaften I* en *Werke in zwanzig Bänden,* vol. 8, Frankfurt del Meno, 1986, p. 12.

Lo bello promete libertad y reconciliación. En presencia de lo bello desaparecen los anhelos y los imperativos. Así es como hace posible una relación libre con el mundo y consigo mismo. La estética hegeliana de lo bello se opone diametralmente al régimen estético actual. La *calocracia* neoliberal genera imperativos. El bótox, la bulimia y las operaciones estéticas reflejan su terror. Lo bello, sobre todo, tiene que suscitar estímulos y captar la atención. Incluso el arte, que para Hegel es *inalienable,* hoy se somete por completo a la lógica del capital. La libertad del arte se subordina a la libertad del capital.

En *Antropología en sentido pragmático,* Kant concibe el «ingenio» *(ingenium)* como un «lujo de las cabezas». Este es posible en un espacio de libertad que está libre de menesterosidades y necesidades. Por eso es «floreciente», «así como la naturaleza parece que en sus flores está haciendo un juego mientras que en sus frutos está haciendo un negocio».[1] La belleza de las flores se debe a un *lujo* que está libre de toda economía. Es la expresión de un *juego* libre, sin coerción ni finalidad. Así es como se opone al *trabajo* y al *negocio.* Donde lo que impera son las coerciones y las necesidades, no hay márgenes para el juego, que es constitutivo de lo bello. Lo bello es un fenómeno del lujo. Lo necesario, que solo está vuelto a la menesterosidad, no es bello.

Según Aristóteles, el hombre libre es alguien que es independiente de las precariedades de la vida y de sus imperativos. Tiene a su disposición tres formas libres de vida, que se diferencian de aquellas otras formas de vida que solo se ordenan a la conservación de la vida. Así es como la vida del comerciante, centrada en la ganancia, no es libre: «Estas tres formas de vida tienen en común su interés por

---

1 I. Kant, *Anthropologie in pragmatischer Hinsicht,* Akademie-Ausgabe, vol. 7, Berlín, 1972, p. 201.

lo "bello", es decir, por las cosas no necesarias ni meramente útiles».[2] Entre ellas se encuentran la vida que se enfoca en el disfrute de las cosas bellas, la vida que engendra actos bellos en la polis y, finalmente, la vida contemplativa de los filósofos, la cual, al investigar lo que nunca perece, se mantiene en el ámbito de la belleza perpetua.

Lo que constituye la vida del político *(bíos politikós)* es el hecho de *actuar*. Dicha vida no queda sometida al veredicto de la necesidad ni de la utilidad. Ni trabajar ni producir son un *bíos politikós:* no se encuentran entre las formas de vida que son dignas de un hombre libre y en las que se manifiesta la libertad, pues se limitan a producir lo necesario para vivir y lo útil. No son acciones que se realicen *por mor de ellas mismas.* A causa de su falta de libertad y de que vienen determinadas desde fuera, no son bellas. Como para la convivencia humana se necesitan organizaciones sociales, estas no representan ninguna acción genuinamente política. Ni la necesidad ni la utilidad son categorías de lo bello. Como hombres libres, los políticos tienen que generar días bellos más allá de lo necesario para vivir y de lo útil. Actuar políticamente significa hacer que comience algo del todo nuevo.

Toda forma de coerción o necesidad le arrebata a la acción su belleza. Son bellas aquellas cosas y

2   H. Arendt, *La condición humana,* Barcelona, Paidós, 1993, p. 26.

actividades que no están dominadas por la necesidad ni por la utilidad. Las formas de vida del hombre libre son todas ellas un *lujo* en la medida en que representan una *luxación* o una dislocación respecto de lo necesario y de lo útil, es decir, en la medida en que *divergen* de ello. La economía o la administración que se necesitan para mantener una comunidad no son acciones genuinamente políticas.

Tanto en Platón como en Aristóteles, lo bello *(to kalon)* va mucho más allá de la sensación estética. La ética de Aristóteles de la felicidad *(eudaimonia)* es una *ética de lo bello.* También se aspira a la justicia a causa de su belleza. Platón incluye la justicia entre lo más bello *(to kalliston)*.[3] En la *ética eudemonista,* Aristóteles introduce el particular concepto de *kalokagathia,* lo *bellamente bueno.* Aquí, lo bueno se subordina a lo bello o se coloca tras él. Lo bueno culmina al resplandor de lo bello. La política ideal es la *política de lo bello.*

Hoy no es posible ninguna *política de lo bello,* pues la política actual queda sometida por completo a los imperativos sistemáticos. Apenas dispone de márgenes. La política de lo bello es una política de la libertad. La *falta de alternativas,* bajo cuyo yugo *trabaja* la política actual, hace imposible la acción genuinamente política. La política actual no *actúa,* sino que *trabaja.* La política tiene que ofrecer

3   Platón, *La República,* 358a.

una alternativa, una *opción* real. De otro modo degenera en dictadura. El político, en cuanto secuaz del sistema, no es un hombre libre en sentido aristotélico, sino un siervo.

El término inglés *fair* se caracteriza por sus múltiples dimensiones. Significa tanto «justo» como «bello». También en alemán antiguo *fagar* quiere decir «bello». La palabra alemana *fegen,* «barrer», significa originalmente «sacar brillo». El doble significado de la palabra *fair* es una impresionante indicación de que, en un principio, la belleza y la justicia estaban asentadas en la misma noción. La justicia se percibe como bella. Es una *sinestesia* peculiar la que enlaza la justicia con la belleza.

En su obra *Sobre la belleza y el ser justo,* Elaine Scarry describe las implicaciones éticas y políticas de la belleza, y trata de obtener un acceso estético a la experiencia ética. Según Scarry, la percepción de o la presencia de lo bello implica «una invitación al juego limpio ético».[4] Determinadas cualidades de lo bello agudizan una sensación intuitiva de justicia: «Hasta ahora hemos mostrado de qué manera las propiedades que forman parte del objeto bello […] nos ayudan a obtener justicia».[5] Es bella la simetría, en la cual se basa también la idea de justicia. La relación justa implica de manera necesaria

4   E. Scarry, *On Beauty and Being Just,* Princeton, 1999, p. 93.
5   *Ibid.*, p. 108.

una proporción simétrica. Una asimetría total provoca una sensación de fealdad. La injusticia misma se expresa como una proporción sumamente asimétrica. En efecto, Platón piensa lo bueno desde la belleza de lo simétrico.

Scarry remite a una experiencia de lo bello que *des-narcisifica* al sujeto; es más, que lo *desinterioriza*. En presencia de lo bello, el sujeto se retira, dejando espacio para el otro. Esta retirada radical del sí mismo en beneficio del otro es un acto ético:

> Según Simone Weil, la belleza exige de nosotros «renunciar a nuestra figurada posición como centro». [...] No es que cesemos de estar en el centro de nuestro mundo propio, sino que, voluntariamente, cedemos nuestro terreno a las cosas ante las cuales nos hallamos.[6]

En presencia de lo bello, el sujeto asume una posición lateral, se pone a un lado, en lugar de imponerse abriéndose paso. Pasa a ser una *figura lateral (lateral figure)*. Se retira en beneficio del otro. Scarry cree que esta experiencia estética en presencia de lo bello se prolonga hasta lo ético. La retirada del sí mismo es esencial para la justicia. Es decir, la justicia es un estado *bello* de convivencia. La alegría estética se puede traducir a lo ético:

6   *Ibid.*, pp. 111 s.

Está claro que un *juego limpio ético,* que hace necesaria una «simetría de toda relación», se ve apoyado en gran medida por una *pulcritud estética,* que suscita en todos los participantes, dentro de su propia lateralidad *[lateralness],* un estado de alegría.[7]

Frente a las expectativas de Scarry, la experiencia de lo bello resulta hoy narcisista. No la domina la *lateralidad (lateralness),* sino una *centralidad (centralness)* narcisista. Se vuelve consumista. Frente al objeto de consumo se asume una posición *central.* Esta postura consumista destruye la *alteridad del otro,* en beneficio de la cual uno *se pondría a un lado* o *se retiraría.* Destruye la *heterogeneidad de lo distinto,* la *alteridad.*

Tampoco el atractivo sexual, o *sexyness,* se aviene bien con el juego limpio, o *fairness,* al impedir toda lateralidad, o *lateralness.* Hoy no resulta posible aquella experiencia de lo bello que conmocionaría la posición central del sujeto. La belleza misma se vuelve pornográfica; es más, *anestésica.* Sufre menoscabo de toda *trascendencia,* de toda *significancia,* incluso de todo *valor* que capacitaría para, yendo más allá de lo meramente estético, acoplarse con lo ético y con lo político. La belleza, completamente desacoplada del juicio ético y moral, se entrega a la *inmanencia del consumo.*

7 *Ibid.,* p. 114.

A la pregunta de por qué abandonó definitivamente el teatro, Botho Strauß responde:

> Simplemente se acabó. Sobre el escenario yo quería ser un erotómano, pero quienes mandan hoy en el teatro —en un sentido estético o literal— son los pornógrafos. A mí me interesan las vinculaciones y las vicisitudes eróticas, pero hoy ya no se entablan vinculaciones ni se producen vicisitudes, sino que siempre se expone solo el aspecto pornográfico del asunto.[1]

El erotómano se diferencia del pornógrafo por ser indirecto y por dar rodeos. Ama las *distancias escénicas*. Se conforma con alusiones, en lugar de exponer directamente el tema. El actor erótico no es un expositor pornográfico. La erótica es *alusiva* y no *directamente afectante*. En eso se diferencia de la pornografía. El modo temporal de lo pornográfico es *directo y sin ambages*. Demora, ralentización y distracción son las modalidades temporales de lo eró-

---

1   «Am Rande. Wo sonst. Ein ZEIT-Gespräch mit Botho Strauß», en *ZEIT,* edición del 14 de septiembre de 2007.

tico. Lo *deíctico,* mostrar de forma directa el asunto, es pornográfico. La pornografía evita rodeos. Va directamente al asunto. Por el contrario, lo que resulta erótico son los signos, que *circulan* sin revelar. Lo que resultaría pornográfico sería el *teatro de la revelación.* Eróticos son los secretos, que, sobre todo, son *indesvelables.* En eso se diferencian de las *informaciones ocultas y retenidas,* que podrían desvelarse. Pornográfico resulta, justamente, un desvelamiento progresivo que llega hasta la *verdad* o la *transparencia.*

Al teatro pornográfico le falta lo dialógico. Según Strauß, es una «empresa psicopática privada». La capacidad de diálogo, de entablar una relación con lo distinto, es más, siquiera de *escuchar,* va menguando hoy en todos los niveles. El sujeto narcisista actual lo percibe todo solo como sombreados de sí mismo. Es incapaz de ver al otro en su alteridad. El diálogo no es una escenificación de desnudamientos recíprocos. Ni las confesiones ni las revelaciones resultan eróticas.

En un texto laudatorio dedicado a la actriz Jutta Lampe, Strauß escribe:

> Si apenas estábamos escuchando aún el tono argénteamente infantil, casi cantarín, en el siguiente momento ha bajado en un intervalo brusco a un timbre gutural, casi chillón, por momentos verdaderamente ordinario. La tesitura que cambia rápidamente no es un gesto de coloratura, sino la energía de enlace

dialógico propia de querer saber a toda costa algo
del otro y en común con él.[2]

Lo que caracteriza a la sociedad actual es la falta de
energía de enlace dialógico. Cuando del escenario
desaparece lo dialógico, surge un teatro de los afectos. Estos no están estructurados dialógicamente.
Implican una *negación de lo distinto*.
    Los sentimientos son narrativos. Las emociones
son impulsivas. Ni las emociones ni los afectos des-
pliegan un espacio narrativo. El teatro de los afectos
no *narra*. Más bien, una masa de afectos se carga
directamente sobre el escenario. En eso consiste su
carácter pornográfico. Los sentimientos tienen también una temporalidad distinta a las emociones y
los afectos. Poseen una duración, una longitud na-
rrativa. Las emociones son esencialmente más pa-
sajeras que los sentimientos. Los afectos se limitan
a un momento. Y los sentimientos son los únicos
que tienen acceso a lo dialógico, al *otro*. Por eso
existe la empatía, mientras que no hay una emoción
o un afecto conjuntos. Tanto los afectos como las
emociones son expresión de un sujeto aislado y
monológico.
    La actual sociedad íntima elimina cada vez más
modalidades y márgenes objetivos en los que uno

2   «Noch nie einen Menschen von innen gesehen?», en *Frankfur-
ter Allgemeine Zeitung,* edición del 17 de mayo de 2010.

pueda escabullirse *de sí mismo,* de su *psicología.* La intimidad se contrapone a la distancia lúdica, a lo teatral. Lo decisivo para el juego son las formas objetivas y no los estados psicológicos y subjetivos. El juego riguroso o el ritual exoneran el alma, sin conceder margen alguno a la pornografía anímica: «En ella no se produce excentricidad, egolatría ni exaltación. El encanto y el juego riguroso excluyen el arbitrio emocional, el nudismo anímico y lo psicopático». La actriz, es más, la *jugadora* pasional, *es despsicologizada, desubjetivizada y desinteriorizada hasta convertirse en nadie:* «Tú no eres nadie, pues de otro modo no serías una gran actriz». El *nadie* (del latín *nemo*) no tiene ningún alma que se pudiera desnudar. Frente al nudismo anímico de la pornografía, frente a lo psicopático, Strauß exige una *autotrascendencia nemológica* en la que, yendo más allá de sí mismo, uno se dirija al otro y se deje seducir por él. El teatro erótico es el lugar en el que es posible la seducción, la *fantasía para el otro.*

El conjuro de Fausto «¡Pero quédate! ¡Eres tan hermosa!» oculta un aspecto importante de lo bello, pues precisamente lo bello invita a demorarse. Lo que obstaculiza la demora contemplativa es la *voluntad*. Pero al contemplar lo bello la voluntad se retira. Este aspecto contemplativo de lo bello también es central para la concepción que Schopenhauer tenía del arte, según la cual

> el placer estético que produce la belleza consiste en buena parte en que, al entrar en el estado de pura contemplación, quedamos relevados por el momento de todo querer, es decir, de todo deseo y cuidado, por así decirlo, liberados de nosotros mismos.[1]

Lo bello me desembaraza de mí mismo. El yo se sume en lo bello. En presencia de lo bello, se desprende *de sí mismo*.

Lo que hace que transcurra el tiempo es la *voluntad,* el *interés;* es más, el *conato* (el impulso). Sumirse contemplativamente en lo bello, cuando el querer se retira y el sí mismo se retrae, engendra un

1   A. Schopenhauer, *El mundo como voluntad y representación,* Madrid, Trotta, 2003, p. 461.

estado en el que, por así decirlo, el tiempo se queda quieto. La ausencia de querer y de interés detiene el tiempo, incluso lo aplaca. Esta *quietud* es lo que distingue a la visión estética de la percepción meramente sensible. En presencia de lo bello, el ver *ha llegado a su destino*. Ya no es empujado ni arrastrado hacia delante. Esta *llegada* es esencial para lo bello.

La «eternidad del presente», que se alcanza en un demorarse en el que el transcurso temporal queda superado, se refiere a lo *distinto:* la «eternidad del presente»

> es la presencia de lo otro. Así es como, demorándose en lo mismo, la eternidad resplandece como una luz que se difunde por lo distinto. Si alguna vez se reflexionó sobre tal eternidad en la tradición filosófica, fue en la frase de Spinoza: «El espíritu es eterno en la medida en que concibe las cosas bajo el aspecto de la eternidad».[2]

De acuerdo con esto, la tarea del arte consiste en la *salvación de lo otro. La salvación de lo bello es la salvación de lo distinto.* El arte salva lo *distinto* «resistiéndose a fijarlo a su estar presente».[3] Siendo lo *enteramente distinto,* lo bello cancela el *poder del tiempo.*

2   M. Theunissen, *Negative Theologie der Zeit,* Frankfurt del Meno, 1991, p. 295.
3   *Ibid.*

Precisamente hoy, la crisis de la belleza consiste en que lo bello se reduce a su estar presente, a su valor de uso o de consumo. El consumo destruye lo *otro*. Lo *bello artístico* es una resistencia contra el consumo.

Según Nietzsche, el arte original es el arte de las fiestas. Las obras de arte son testimonios materializados de aquellos momentos dichosos de una cultura en los que el tiempo habitual, que es el que *transcurre,* ha sido superado:

> ¡Qué importa todo nuestro arte de las obras de arte cuando perdemos aquel arte más elevado, el arte de las fiestas! Antes, todas las obras de arte estaban puestas en la gran avenida triunfal del género humano como recordatorios y monumentos de instantes elevados y felices. Ahora, con las obras de arte se quiere apartar de la gran avenida del sufrimiento del género humano, durante un lascivo instante, a los pobres agotados y enfermos: se les ofrece una pequeña embriaguez y locura.[4]

Las obras de arte son como monumentos de una *celebración nupcial;* es más, de un *tiempo elevado* en el que el tiempo habitual ha quedado superado. El tiempo festivo, al ser un tiempo elevado, *aplaca* el tiempo cotidiano —que sería el tiempo laboral habitual— *deteniéndolo.* Al tiempo festivo le

---

4   F. Nietzsche, *La gaya ciencia,* Madrid, Edaf, 2002, p. 165.

es inherente el esplendor de la eternidad. Cuando la «vía festiva» se reemplaza por la «vía del sufrimiento», el tiempo elevado de la celebración nupcial se rebaja a un «breve momento» con su «pequeña embriaguez».

Tanto la fiesta como la celebración tienen un origen religioso. La palabra latina *feriae* significa el tiempo previsto para los actos religiosos y cultuales. *Fanum* significa lugar sagrado, consagrado a una divinidad. La fiesta comienza cuando cesa el tiempo cotidiano profano («pro-fano» significa, etimológicamente, que se halla fuera del recinto sagrado). Presupone una consagración. Uno es consagrado e iniciado para entrar en el tiempo elevado de la fiesta. Si se suprime aquel umbral, aquel tránsito, aquella consagración que separa lo sagrado de lo profano, entonces solo queda el tiempo cotidiano y pasajero, que luego se explota como tiempo laboral. Hoy, el tiempo elevado ha desaparecido por completo en beneficio del tiempo laboral, que se totaliza. Incluso el descanso queda integrado en el tiempo laboral: no es más que una breve interrupción del tiempo laboral en la que uno descansa del trabajo para luego volver a ponerse por entero a disposición del proceso laboral. El descanso no es lo distinto del tiempo laboral. Por eso no mejora la calidad del tiempo.

En *La actualidad de lo bello,* Gadamer vincula el arte con la fiesta. En primer lugar, señala la peculiaridad de la expresión lingüística de que la fiesta se «celebra». La celebración remite a la peculiar temporalidad de la fiesta:

> Evidentemente, «celebración» es una palabra que suprime expresamente la noción de un objetivo al cual uno se dirige. La celebración es de tal modo que uno no tiene que ir primero ahí para luego llegar. Cuando se celebra una fiesta, esta siempre está ahí todo el tiempo. Ese es el carácter temporal de la fiesta: que se «celebra» sin que ella se desintegre en la duración de momentos que se disgregan unos de otros.[5]

Durante la fiesta impera otro tiempo. En ella, se ha superado el tiempo como *sucesión* de momentos fugaces y pasajeros. No hay ningún objetivo al cual uno tuviera que dirigirse. Justamente dirigirse es lo que hace que el tiempo transcurra. *La celebración de la fiesta suprime el transcurso*. A la fiesta, a la celebración del tiempo elevado, le es inherente algo imperecedero. Entre el arte y la fiesta existe una analogía: «La esencia de la experiencia temporal del arte es que aprendemos a demorarnos. Esa es quizá la correspondencia a nuestra medida de lo que llamamos eternidad».[6]

5   H.-G. Gadamer, *Die Aktualität des Schönen, op. cit.*, p. 54.
6   *Ibid.*, p. 60.

En el momento en que las obras de arte se exponen pierden su valor de culto. El valor expositivo desplaza el valor de culto. Las obras de arte no se erigen en la vía festiva, sino que se exponen en los museos. Las exposiciones no son fiestas, sino espectáculos. El museo es su osario. Aquí a las cosas solo les surge un valor si son vistas, si suscitan atención, mientras que los objetos cultuales a menudo quedan ocultos. Incluso el ocultamiento incrementa su valor cultual. El culto no tiene nada que ver con la atención. La totalización de la atención destruye lo cultual.

Hoy, con las obras de arte se trata sobre todo en la *vía mercantil* y en la *vía bursátil*. No acreditan ni un valor de culto ni un valor expositivo. Es justamente su puro *valor especulativo* el que las somete al capital. Hoy, el valor especulativo resulta ser el valor supremo. La bolsa es el sitio de culto actual. El lugar de la redención lo ocupa la ganancia absoluta.

Benjamin eleva el recuerdo a la esencia de la existencia humana. De él surge «toda la fuerza de la existencia interiorizada». También es el recuerdo lo que constituye la esencia de lo bello. Incluso en su pleno «florecimiento», la belleza es «inesencial» sin recuerdo. Lo que resulta esencial para lo bello no es la presencia del brillo inmediato, sino que *hubo* un recuerdo que ahora sigue alumbrando. Así es como Benjamin se remite a Platón:

> Las palabras del *Fedro* de Platón: «Quien ahora recién acaba de llegar de una consagración y es uno de quienes ahí han divisado mucho en el más allá, cuando vea un rostro divino o una figura corporal que imite bien la belleza, en un primer momento, recordando las estrecheces que padeció anteriormente, se verá afligido de consternación, pero luego, dirigiéndose directamente a ella, reconocerá su carácter y la venerará como a un dios, pues el recuerdo, que ahora ha sido elevado a idea de la belleza, la contempla a su vez a ella estando junto con la cavilación en un terreno sagrado».[1]

---

1   W. Benjamin, *Goethes Wahlverwandtschaften, op. cit.*, p. 178.

Ante una figura bella, uno recuerda lo *sido*. Para Platón, la experiencia de lo bello es una repetición de lo que ha sido, un *reconocimiento*.

La experiencia de lo bello como recuerdo se sustrae al consumo, que está dominado por una temporalidad completamente distinta. Lo que se consume es siempre lo *nuevo* y no lo *sido*. El reconocimiento iría incluso en detrimento del consumo. La temporalidad del consumo no es el haber sido. Los recuerdos y la duración no se avienen bien con el consumo. Este se nutre de un tiempo hecho añicos. Para maximizarse, destruye la duración. Tampoco el caudal de informaciones, la trepidante secuencia de cortes que obliga al ojo a consumir rápidamente, permite ningún recuerdo permanente. Las imágenes digitales no pueden captar la atención durante mucho tiempo. Enseguida se vacían de sus atractivos visuales y se desvanecen.

La experiencia clave de Marcel Proust es la experiencia de la duración, desencadenada por el sabor de la magdalena mojada en el té. Es el acontecimiento de un recuerdo. Una «diminuta gotita» de té se amplía hasta convertirse en un «inmenso edificio del recuerdo». A Proust se le hace partícipe de una «pequeña porción de tiempo puro». El tiempo se condensa en un aromático cristal temporal, en un «recipiente rebosante de aromas» que libera a Proust de la fugacidad del tiempo:

Habíame invadido un placer delicioso, aislado, sin la noción de su causa. Me habían hecho de nuevo las viscisitudes de la vida indiferente, sus desastres inofensivos, su brevedad ilusoria, de la misma manera que actúa, colmándome de una esencia preciada: o más bien esta esencia no estaba en mí, era yo mismo. Había cesado de sentirme mediocre, limitado, mortal.[2]

La narración de Proust es una praxis temporal que funda una duración en medio de una «época de precipitación», en la cual todo, incluido el arte, «se lo despacha enseguida». Una praxis temporal que se opone al «desfile cinematográfico de las cosas»,[3] al tiempo cinematográfico que se desintegra en una rápida sucesión de puntos de presente. La experiencia dichosa de duración surge de una fusión de pasado y presente. El presente se ve conmovido, vivificado, es más, fecundado por el pasado:

Y esta causa la adivinaba comparando aquellas diversas impresiones dichosas y que tenían de común entre ellas el que yo las sentía a la vez en el momento actual y en un momento lejano, hasta casi

2   M. Proust, *En busca del tiempo perdido. Por el camino de Swann,* Madrid, Sarpe, 1985, p. 71.
3   *Id., En busca del tiempo perdido. El tiempo recobrado,* Madrid, Alianza, p. 118.

confundir el pasado con el presente, hasta hacerme
dudar en cuál de los dos me encontraba.[4]

Lo bello no es la presencia inmediata ni el hecho
de estar presentes las cosas. Para la belleza son esenciales las correspondencias secretas entre las cosas y
las nociones, unas correspondencias que acontecen
a lo largo de amplios periodos temporales. Proust
cree que la vida misma representa un entramado de
relaciones, que «teje sin cesar [...] entre los acontecimientos», y que

> entrecruza sus hilos, que los dobla para reforzar la
> trama, de suerte que entre el menor punto de nues-
> tro pasado y todos los demás hay una espesa red de
> recuerdos que solo nos deja la elección de las co-
> municaciones.[5]

La belleza acontece donde las cosas están vueltas
unas a otras y entablan relaciones. La belleza *narra*.
Al igual que la verdad, es un acontecimiento *narrativo:*

> La verdad solo empezará en el momento en que el
> escritor tome dos objetos diferentes, establezca su
> relación [...] y los encierre en los anillos necesarios

4   *Ibid.*, p. 113.
5   *Ibid.*, p. 207.

de un bello estilo; incluso, como la vida, cuando, adscribiendo una calidad común a dos sensaciones, aísle su esencia común reuniendo una y otra, para sustraerlas a las contingencias del tiempo, en una metáfora.[6]

El «internet de las cosas», que las conecta mutuamente, no es narrativo. La comunicación como intercambio de informaciones no *narra* nada. Se limita a *contar*. Lo que es bello son los vínculos narrativos. Hoy, la adición desplaza a la narración. Las relaciones narrativas dejan paso a conexiones informativas. De la adición de informaciones no resulta ninguna narración. Las metáforas son relaciones narrativas. Hacen que las cosas y los acontecimientos entablen un diálogo mutuo.

La tarea del escritor es metaforizar el mundo, *poetizarlo*. Su mirada poética descubre las ocultas relaciones amorosas entre las cosas. La belleza es el acontecimiento de una relación. Le es inherente una temporalidad peculiar. Se sustrae al disfrute inmediato, pues la belleza de una cosa solo se manifiesta más tarde, a la luz de otra cosa, como *reminiscencia*. Consta de sedimentaciones históricas que *fosforecen*.

La belleza es una *tardana,* una *rezagada.* Lo bello no es un brillo momentáneo, sino seguir alumbrando en silencio. Su preferencia consiste en este

6   *Ibid.*, p. 122.

reservarse. Los estímulos y los logros inmediatos obturan el acceso a lo bello. Su oculta belleza, su esencia aromática, las cosas solo la desvelan posteriormente y a través de rodeos. Largo y despacioso es el paso de lo bello. A la belleza no se la encuentra en un contacto inmediato. Más bien acontece como reencuentro y reconocimiento:

> *La lenta flecha de la belleza.* — La clase de belleza más noble es la que no nos cautiva de un solo golpe, la que no libra asaltos tempestuosos y embriagadores (esta provoca fácilmente el hastío), sino la que se insinúa lentamente, la que se apodera de nosotros casi sin que nos demos cuenta, […] en sueños.[7]

7   F. Nietzsche, *Humano, demasiado humano,* Madrid, Edaf, 2003, p. 135.

Un retumbamiento: es la verdad,
aparecida ella misma entre los hombres,
en medio de la nevasca de metáforas.

PAUL CELAN

En el diálogo *El banquete,* Platón establece una escala de niveles de lo bello. El amante de lo bello no se conforma con la visión de un cuerpo hermoso. Más allá de la belleza habitual, sube esa escala hasta lo bello en sí. Pero la inclinación hacia el cuerpo hermoso no se condena. Más bien resulta una parte esencial; es más, un comienzo necesario del movimiento de ascenso hacia lo bello en sí.

Lo peculiar de la teoría platónica de lo bello consiste en que, ante lo bello, uno no se comporta de forma pasiva y consumidora, sino de forma activa y generadora. En presencia de lo bello, el alma se ve impelida a engendrar por sí misma algo bello. Al contemplar lo bello, el Eros despierta en el alma una fuerza engendradora. Por eso se llama «engendrar en lo bello» *(tokos en kalo).*

Por mediación de lo bello, el Eros tiene acceso a lo inmortal. Los «hijos inmortales» que él engendra son obras *(erga)* no solo poéticas o filosóficas, sino también políticas. Así es como Platón alaba por sus obras tanto a poetas, por ejemplo, Homero o Hesíodo, como a gobernantes, por ejemplo Solón o Licurgo. Las leyes bellas son obra del eros. No solo el filósofo o el poeta son *erotómanos,* también lo es el político. Actos políticos bellos se deben al eros tanto como las obras filosóficas. La política que se deja conducir por el eros es una *política de lo bello.*

Eros, al ser una divinidad, otorga al pensar una consagración. Sócrates es iniciado por Diotima en los «misterios de Eros», que se sustraen tanto al conocimiento *(episteme)* como al discurso *(logos).* También Heidegger es un erotómano. Es Eros quien da alas al pensamiento y lo guía:

> Lo llamo Eros, el más antiguo de los dioses según dice Parménides. El aletazo de ese dios me toca siempre que doy un paso esencial en mi pensamiento y me atrevo a entrar en lo no transitado.[1]

Sin Eros, el pensar se degrada a «mero trabajar». El trabajo, que es opuesto al eros, profana y deshechiza el pensar.

Heidegger no emplaza lo bello en lo estético, sino en lo ontológico. Es un platónico. Lo bello es,

1 M. Heidegger, *Briefe Martin Heideggers an seine Frau Elfride 1915-1970,* Múnich, 2005, p. 264 [trad. cast. *¡Alma mía! Cartas a su mujer Elfride 1915-1970,* Buenos Aires, Manantial, 2008].

según Heidegger, «el nombre poético de la diferencia de ser».[2] El eros se refiere al ser: «Pero el ser se comprende en la aspiración al ser o, como dicen los griegos, en el *eros*».[3] A lo bello se le otorga una consagración ontológica. La «diferencia ontológica» distingue al ser de lo ente. Ente es todo aquello que *es*. Pero su sentido se lo debe al ser. El ser no es un fondo del cual surja lo ente, sino el horizonte de sentido y de comprensión, únicamente a cuya luz se hace posible un *comportarse* en relación con lo ente, comprendiéndolo.

Heidegger concibe lo bello expresamente como un fenómeno de la verdad más allá de la complacencia estética:

> La verdad es la verdad del ser. La belleza no es algo que suceda adicionalmente a esta verdad. Cuando la verdad se pone en obra, se manifiesta. Este manifestarse, en cuanto tal ser de la verdad, en la obra y como obra, es la belleza. Así es como lo bello forma parte del acontecer la verdad. Lo bello no es solo algo relativo al agrado ni es meramente objeto de agrado.[4]

2   *Id.*, *Zu Hölderlin. Griechenlandreisen*, en *Gesamtausgabe*, vol. 75, Frankfurt del Meno, 2000, p. 29.

3   *Id.*, *Vom Wesen der Wahrheit. Zu Platons Höhlengleichnis und Theätet*, en *Gesamtausgabe*, vol. 34, Frankfurt del Meno, 1997, p. 238.

4   *Id.*, *Der Ursprung des Kunstwerkes*, Stuttgart, 1986, p. 67.

La verdad como verdad del ser es un suceso, un acontecimiento que es lo único que otorga a lo ente sentido y significado. Así es como una nueva verdad pone a lo ente bajo una luz completamente distinta, modificando nuestra relación con el mundo y nuestra comprensión de la realidad. La verdad hace que todo se muestre de otro modo. El acontecimiento de la verdad define de nuevo lo que *es* real. Engendra un *«es» distinto*. La obra es el lugar que gesta, recibe y encarna el acontecimiento de la verdad. El *eros* está apegado a lo bello, a la manifestación de la verdad. En eso se diferencia del *agrado*. El tiempo en el que predomina el agrado, el «me gusta», es —diría Heidegger— un *tiempo sin eros, sin belleza*.

En cuanto acontecimiento de la verdad, lo bello es *generativo,* engendrante, incluso *poetizante. Da* a ver. Lo bello es este *don*. Lo bello no es la obra como producto, sino *sobresalir* la verdad *resplandeciendo*. Lo bello trasciende también la *complacencia desinteresada*. Lo estético no tiene ningún acceso a lo bello en un sentido enfático. Al ser el resplandeciente sobresalir de la verdad, lo bello es inaparente, por cuanto se oculta tras los fenómenos. También en Platón es necesario cierto apartar la vista de figuras bellas para llegar a vislumbrar lo *bello en sí*.

A lo bello se le priva hoy de toda consagración. Ha dejado de ser un acontecimiento de la verdad. Ninguna diferencia ontológica, ningún eros lo protege del consumo. Es un *mero ente,* algo que está simplemente dado y presente en su obviedad. Uno se lo encuentra dado simplemente como objeto del agrado inmediato. *Engendrar en lo bello* deja paso a lo bello como *producto,* como objeto de consumo y de agrado estético.

Lo bello es lo vinculante. Funda duración. No es casual que, en Platón, lo «bello en sí» «sea eternamente» *(aei on).*[5] Tampoco como «nombre poético de la diferencia de ser» lo bello es algo que a uno tan solo le agrade. Es lo vinculante, lo normativo, lo que *da* la medida por excelencia. Eros es la *aspiración a lo vinculante.* Badiou lo llamaría «fidelidad». En *Elogio del amor,* escribe:

> Pero es siempre para decir: de lo que fue un azar voy a sacar otra cosa. Voy a sacar de él una duración, una obstinación, un compromiso, una fidelidad. Entonces, «fidelidad» es una palabra que empleo aquí en mi jerga filosófica hurtándola de su contexto habitual. Significa justamente el pasaje de un encuentro azaroso a una construcción tan sólida como si hubiese sido necesaria.[6]

La fidelidad y lo vinculante se implican mutuamente. Lo vinculante exige fidelidad. La fidelidad

5   Platón, *El banquete,* 211b.
6   A. Badiou, *Elogio del amor,* Buenos Aires, Paidós, 2012, pp. 47 s.

presupone lo vinculante. La fidelidad es *incondicional*. En eso consiste su *metafísica;* es más, su *trascendencia*. La creciente estetización de la cotidianidad es justamente lo que hace imposible la experiencia de lo bello como experiencia de lo vinculante. Lo único que engendra dicha estetización son objetos de un agrado pasajero. La creciente volatilidad no solo afecta a los mercados financieros. Hoy abarca a toda la sociedad. Nada tiene consistencia ni duración. En vista de una contingencia radical se suscita el anhelo de lo vinculante más allá de la cotidianidad. Hoy nos hallamos en una *crisis de lo bello* en la medida en que a este se lo satina, convirtiéndolo en objeto de agrado, en objeto del «me gusta», en algo arbitrario y placentero. La salvación de lo bello es la salvación de lo vinculante.